JN018801

さらば愛しき競馬

角居勝彦
Sumii Katsuhiko

小学館新書

はじめに

2021年の2月、角居厩舎は解散します。

角居厩舎では早い時期、ときには生まれてすぐ「この馬を預かってほしい」といわれるケースもありました。17年に生まれた現3歳馬とクラシック戦線を共に闘うのを最後にしようと決め、18年の正月早々、退職し、厩舎を解散することを明らかにしました。

角居家は祖父母の代から天理教を信仰しています。私も調教師になったときから、いつかは実家に戻って天理教の仕事に就くと決めていました。石川県輪島市に祖母のつくった布教所があり、母が継いでおりましたが、数年前に体調を崩してしまいました。地元の信者の方々が守ってくれていたのですが、みなさん80歳をこえてきているので、なんとかしなければとずっと考えていたのです。引退後はそこの所長というかたちで、金沢市にある直系の大教会の指示を受けながら布教活動を行なっていくことになると思います。

引退を明らかにしてから3年の調教師生活で、馬に対する姿勢がこれまでと変わることはありませんでした。クラブ・個人ともお付き合いのあったオーナーから、お預かりするのが21年の2月までであるということに対する了解をいただければ、新たにお受けしました。

引退を発表したことでモチベーションが落ちるのではないかとの危惧が囁かれましたが、私としてはむしろその逆。「あと3年」と期限を区切ったことで、これまで以上に、感性を研ぎ澄ませ、馬の才能を引き出すことができたのではないかと思っています。

おかげさまで、解散発表後に、厩舎ゆかりの血統であるサートゥルナーリアで皐月賞を、長年お世話になったオーナーのロジャーバローズでダービーを勝つこともできました。その他にも素晴らしい馬たちとの出会いがありましたし、長い間支えてくれた調教助手の吉岡辰弥、辻野泰之が調教師試験に合格しました。吉岡調教師はすでに開業して勝ち星を量産、辻野調教師は私と入れ替わりで開業します。他のスタッフもどこの厩舎に移っても恥ずかしくない仕事ができるはずです。

調教師生活はちょうど20年間、厩務員として栗東トレセンに来てから34年、北海道のグランド牧場で初めて馬に触れてから40年近く、競馬の世界でお世話になりました。本書では、その間に私が見たこと感じたこと、そして勝つために努力したこと、勝つことで確信できたことなどを綴っていくつもりです。

競馬に使う側の考え方や方法論を知ることで、大いに馬券検討の参考になるはずです。競馬を支えてくださったファンの方への恩返しのつもりで、前著『競馬感性の法則』では書けなかったことも正直に打ち明けました。

引退後は競馬の仕事に関わることはないと思いますが、競走馬の余生を応援する「サンクスホースプラットフォーム」については、陰ながら支援していくつもりです。その一環として能登半島の珠洲市に引退乗用馬の牧場をつくる目処も立ちました。地域の方々の協力をいただきながら、私自身が運営に携わっていくつもりです。

また私事になりますが、次男が競馬学校を卒業、競馬サークルで生きていくとのことです。こちらもそっと見守ってやりたいと思います。

さらば愛しき競馬

目次

序章

馬と過ごした40年

シンザンも知らずに競馬の世界へ

競馬の「け」の字もない家庭で生まれ育った私が、自分でも出来すぎと思うぐらいの実績を残すことができたのは、不思議としか言いようがありませんが、いま考えてみるといくつかの邂逅《かいこう》がありました。

子供のころから天理教の教会の境内で共同生活をしていたので、動物を飼うということができなかった。さらに、人と話すことが得意ではなかった。そんなことで、いつのころからか動物を扱う仕事をしたいと思うようになり、帯広畜産大学を受験します。そこには親元を離れて生活したいという強い思いもありました。

受験には失敗しましたが、父の知り合いの伝手《つて》で北海道・静内（現・新ひだか町）のグランド牧場に就職しました。とはいえ、競馬に興味があったからというわけではありません。「ウチでは中央競馬でも馬を走らせている」と言われても何のことかさっぱり分からない。競馬に中央と地方があるということすら知らなかったのです。

日々の重労働や厳しい気候は想像を絶するものでしたし、何より馬という生き物を扱う仕事は緊張の連続。しかし同時に、牧場で世話をした馬が、大観衆が見守る華やかな世界で脚光を浴びることは、牧場をあげての喜びでした。折からジャパンカップが始まった時期で海外からやって来た馬の強さを見せつけられ、さらに大きな舞台があるということも知りました。

馬という動物が、乗る人によって全く違う動きをするのだということも知りました。社長の弟さんが、現・調教師の伊藤圭三先生。当時は日大馬術部の主将だったのですが、帰省するたびに乗馬を教えてくれるのです。私が乗るとちゃんと歩かないような馬が、伊藤先生が乗ると美しいフォームで走る。扱う人間が変われば、素直に従うのだというのは当時としては衝撃でした。

一方、牧場から送り出した馬が、「まだできていない」などと言われて戻されることがありました。腹が立つ一方で、それはいったいどういうことなのか、競馬のためのトレーニングとはどういうものなのかなど、さまざまな興味がわいてきました。

そこで牧場を辞めて競馬学校の厩務員課程に入学、馬の勉強に明け暮れる日々を過ごしました。

将来調教師になると明確な目標を持っている生徒もいて、私もおぼろげながらそんなことを考えていましたが、当時は馬のことを知りたいという一心でした。卒業して美浦トレセンか栗東トレセンか選べといわれても、希望を出すこともありません。最終的に、美浦の希望者が多かったために、栗東の所属となり、中尾謙太郎厩舎に配属されました。

中尾先生はあのシンザンの厩務員でしたが、当時の私はシンザンについてさえほとんど何も知りませんでした（笑）。厩務員から初めて調教師になったという中尾先生は温厚な方で、私のような右も左も分からない人間に対しても声を荒らげることはなく、厩務員の先輩は丁寧に仕事を教えてくれました。

ナリタハヤブサ活躍の功罪

半年後には乗馬の試験を受けて調教助手のライセンスも取得。2頭の馬の担当をまかされ、愛情をこめて接するようになりました。3年目にナリタハヤブサという馬を担当、皐月賞にも出走し、その秋からダート路線で活躍するようになります。乗った瞬間からスピードもパワーもそれまでの馬と違うと感じたナリタハヤブサは重賞を勝ちまくり、最優秀ダート馬にも選出されました。

収入も格段に増え、私は自らを「腕利きの調教助手」と思い込んでしまい、この成功体験をその後担当する馬すべてにあてはめようとしてしまいました。きつい調教を課したり、乗り味が違う馬には早々と見切りをつけたりする。その結果、担当馬の結果が出なくなったり、故障馬が増えたりする。それを見かねた先生が丁寧にアドバイスしてくれると、それも気に入らなくて調教をさぼる。毎日が面白くなくて、さっさと仕事を終わらせて琵琶湖へ行き、ウインドサーフィンやヨットで遊んでいました。

それでも、このままでいいとは思っていなかった。他の厩舎の若い調教助手たちとは、折に触れて馬の調教方針などについて意見を闘わせていました。

当時はほとんどの厩舎が昔ながらの考え方による運営。つまり、プロフェッショナルな職人が育ってくるのを待つ、というシステムでした。それが長い間に培われてきた競馬サークルの常識だったのです。だから、優秀な厩務員がいる厩舎の成績は上がり、そこにさらにいい馬が集まるけれど、その厩務員が定年などでいなくなると成績が下降するという繰り返しでした。組合の力が強く、若いやる気のある厩務員でも、明らかに仕事に意欲がない年配の厩務員でも待遇が同じ。これでは組織として発展していくというイメージがないなどと、不満を持つ者同士、情報交換をしていました。同時に、このままでは関東の馬には勝てないぞという危機感もあった。当時は関東馬のほうが圧倒的に強かったのです。

3人の「師」から学んだもの

そんな1990年代半ばころから、中尾厩舎と同じ一角にある山内研二厩舎が勝ち星を量産し始めました。松田国英という調教助手が調教師をサポートして、新しい厩舎システムをつくっているという話でした。

さらに93年に開業していきなりジャパンカップを勝った森秀行厩舎がさらに勝利数を伸ばしていました。調教師試験に合格した松田国英先生が、森厩舎で技術調教師として研修しながら、新しい方法を提案しているとも聞きました。

その松田国英厩舎が96年に開業、新しいやり方に魅かれた私は意を決して中尾厩舎から松田国厩舎へ移ることにしました。辞めるといった私に、中尾先生は「何があったのか」と心配してくれました。内心反発していたり、調教をさぼったりしていた負い目もあって、多くを打ち明けることなく、新しい厩舎に移りました。今考えてみると申し訳なかったと思います。

松田国厩舎では、自分の担当馬を見るだけでいいということではなく、集団で調教し、管理するすべての馬についての情報を厩舎スタッフ全員で共有しました。また馬の世話だけでなく、厩舎の事務作業も分担してやるようになりました。

従来は親分である調教師と、子分であるスタッフという存在しかいませんでしたが、調教師と現場をつなぐ中間管理職のようなポジションが必要だということで、友道康夫現・調教師と私がその役を担いました。松田先生に従って馬主さんとお付き合いをしたり、牧場を回ったりしたものです。現場の調教助手がそこまでやるなど、親分のような調教師の厩舎ではあり得ませんでした。

先生からは調教師試験を受けることもすすめられ、遊ぶ時間もなくなりました。厩舎での仕事が終わって帰宅するともうくたくたでしたが、とにかく勉強しなければならなかった。3年目で合格することができましたが、その間、夜布団で寝たことは一度もないぐらいでした。

調教師になってから開業までの1年間は、森秀行厩舎と藤沢和雄厩舎で研修させていただきました。森先生の海外遠征に同行させてもらって、ヨーロッパのホースマンたちと交流することもできました。彼らは皆誇り高く、大きな夢を持ち、夜遅くまで馬について語り合っていました。

藤沢和雄先生からは、常に馬に目配り気配りをしなければならないという姿勢を学びました。事故を減らす努力を惜しんではいけない、ということです。そして「馬をつくる」などという考え方ではなく「できてくるのを待つ」という意識を感じるなど多くのことを教えていただきました。

この1年の日々はとにかく濃密でした。いまでも調教師になって一番楽しい1年間だったと思い出します。

過去の失敗・挫折経験を生かして

こうして角居厩舎は2001年に、松田国英厩舎、森秀行厩舎、藤沢和雄厩舎のいいところを取り入れて開業しました。

同時に中尾謙太郎厩舎で私自身が犯してしまった失敗を教訓にすることを肝に銘じました。私は生まれながら頭がいいわけでもないし、体力に抜きんでているわけでもないし、正義感や意志力が強いわけでもない。ましてや乗馬の才能があるとか、馬の言葉が分かるわけでもない（笑）。ナリタハヤブサのときのように、少しうまくいくと天狗になってしまうようなところもある。要領はいいほうだと思っていましたが、いざとなると尻込みしてしまうようなところもある。

そんな人間だからこそ、スタッフ一人一人の悩みや屈託が理解できたのではないかと思います。

馬は強くなればなるほど、気性も強くなります。そうなると、そのスタッフでは手に負えなくなることがある。しかし馬は言葉を持たないので、「この人ではダメだ」と言うことはない。だから調教師としては、このスタッフではダメだという馬の様子を見極め、スタッフのプライドを折らないように「乗り下《お》ろす」、つまり担当を変えなければならない。有無を言わせず下ろすこともあれば、本人が納得するまで話し合うこともあります。そのためには、普段からスタッフ一人一人の行動や考え方を把握していなければならない。

どんなかたちで言われたにせよ、それまで担当していた馬と引き離されるのは本人にとってはショックで、その結果不貞腐れたり、ひねくれたりするものです。そうすると当然仕事能力が落ちます。かつての私がそうでしたから、よく分かる（笑）。

だからといって、そのスタッフを不貞腐れたままにしておいてはいけない。辞めさせて新しいスタッフを入れることなどできないのです。10人で10やっていた仕事を、9人で回さなければならなくなると、効率が落ち、細かい見落としも出るなど、いずれどこかで無理が生じます。だから、このスタッフにも意欲をもって別の仕事に取り組んでもらわないといけない。仕事をいい加減に終わらせて、琵琶湖でウインドサーフィンばかりやられてはたまらない（笑）。

学習意欲を維持させつつ、やるべき仕事を与えて、その過程もしっかり見守りました。オープン馬は無理かもしれないけれど、入厩したばかりで怖がりの馬をトレセンの環境に慣れさせるのには適任かもしれない。あるいは、テンションの上がりがちな馬を落ち着かせるのが上手かもしれない。何より、皆もともと馬が好きで、大変な仕事だと知りつつ、この世界に入ってきた若者たちです。

そういうふうに、人と馬の関係性を見極めることができたのだと思います。自分の師として松田国先生、森先生、藤沢和先生をと見定めた眼力です。

時代の後押しもありました。このころスポーツを科学的に考察することが一般的になってきました。人間でいえば、昔はスポーツの練習中に水を飲むことなどとんでもないといわれたり、足腰を鍛えるのにはうさぎ跳びが一番だなどといわれましたが、それに意味がないことが常識になりましたよね。それと同じことが競走馬についても研究され始めたのです。スピードと心拍数の関係をデータ化し、筋肉の質を調べて調教方法を考えたり、その後のエネルギー補給など健康管理に生かしたりします。病気やケガを防ぐ知識や、海外でのトレーニング方法などを紹介してくれる研修会が年2回ほどあるのですが、厩舎の仕事をやりくりして積極的に出席しました。

しかしトレセンでは「調教メニューは俺の頭に入っている」など、ベテランの勘や長年の経験則に頼った考え方に支配されている厩舎も多かった。森先生や私など競馬サークルとは縁のないところで生まれ育った人間は、そういった経験則よりも、科学的裏付けのある接し方をどんどん取り入れました。

また生まれ変わったキャロットクラブの存在も大きかった。当時、社台サラブレッドクラブ、サンデーレーシング、ラフィアン（マイネル）以外のクラブがどんどん縮小傾向にあり、行き詰まるところも多くなった。そのなかで、キャロットクラブをフジサンケイグループが買い取って、ノーザンファームが支援することになった。新人調教師だった私のところには、社台やサンデーで活躍した馬の子供たちや、高額で募集された馬は当初なかなか回ってきませんでしたが、キャロットで輸入した未知数の繁殖牝馬の産駒を多く預からせてもらいました。シーザリオやディアデラノビア、ハットトリック、トールポピーなど厩舎を支えてくれた馬たちの多くはキャロットクラブの所属でした。

98年に始まったセレクトセールも追い風でした。それまでは牧場に伝手のある調教師などを介して馬を買うことが一般的で、新興馬主さんはなかなか思うような馬を買うことができなかった。ところがセレクトセールでは、お金さえあれば、誰でも自分が欲しい馬を買える。サンデーサイレンス産駒などの高額馬は、やはり名門厩舎に預けられることが多かったのですが、若い馬主さんが、自分の好みや感覚で競り落とした未知の魅力にあふれた馬を、角居厩舎に預けてくれることが多くなり、厩舎が活性化しました。

第1章 馬をめぐる人々

無観客競馬でファンのありがたみを実感

前著『競馬感性の法則』では、主に「馬とはどういう動物なのか」ということを知ることで競馬が面白くなり、ひいては馬券が的中することも多くなるということを中心に筆を進めました。

今回はさらに踏み込んで「競馬」というエンタテインメントについて考察していきます。みなさんが馬券を買うときの根拠とする騎手、前走成績、斤量、展開などについて、調教師がどう考えているのかを明かしていこうと思います。これまで「企業秘密」にしていたことも、この際打ち明けてしまうつもりです。

その前にまず、2020年にどうしても避けられない、「無観客競馬」について思うところをお話しします。2月末から10月初めまでの67日間、2000以上のレースが無観客で行なわれたことになります。その中には13のＧＩを始め重賞も82レースありました。

無観客になっても売上が落ちなかったこと、ましてやレースによっては前年を上回ったことについてはびっくりしました。競馬場に行けなくなっても、しっかり即ＰＡＴなどの手続きをしてネット投票をしてくれているファンの方々には感謝しかありません。

我々としては、とにかくうがいや手洗いなど日常生活に細心の注意を払い、不要な外出を避けることを徹底しました。騎手だけでなく、調教師やスタッフに感染者が出ると競馬がストップしてしまう。

現実的なことを言えば、競馬が一時的にでもストップしてしまうと、馬を厩舎に預けておく意味がないから、馬主さんはとりあえず預託料が半分ですむ外厩などに出すでしょう。そうすると厩舎には預託料が入ってこないので、スタッフの給料が払えなくなります。これは恐怖でした。

勝利インタビューなどで騎手が「早く元通りの競馬に」というのは、あくまでも社会全体の状況の好転を含めた願望でした。

10月の東京・京都・新潟開催から人数を制限して、観客が入場できるようになりましたが、元の状態になるまではまだまだ時間がかかりそうです。

ところで、レースに出る馬にとって無観客であることでのマイナスはほとんどありません。むしろプラス面のほうが多い。

トレセンとは違って、見知らぬ人が大勢見つめているパドックや、大歓声が沸き起こる馬場が恐ろしくて、パニックになってしまうことも珍しくありません。パドックで馬っ気を出したりしている馬が大観衆の前に出ると、さらにテンションが高くなりますが、無観客の間は通路にも人が少ないし、馬場入り後の歓声もないので、落ち着いてくることがある。

GIなどで立錐の余地もないほどの大観衆を前にすると、圧迫感から動けなくなってしまう馬もいる。肉食動物（人間です）の視線は、それだけ馬にとっては怖いものです。無観客だったり、あるいは規制があってガラガラだったりすると、逃げるスキがいくらでもありそうで、落ち着いてきます。

しかし、いずれは元の大観衆を前にした競馬に戻ります。

無観客の間にデビューした2歳馬は大観衆の前で走ったことがありません。これからお客さんが入った時に、イレ込みがきつくなって、初めて「この馬はメンタルが弱い」というのが判明するかもしれない。3歳になって古馬と走るようになった時にもそれを克服することができず、競馬のたびにイレ込んで成績が上がらない馬が多くなると、この年の3

歳馬は弱い世代だということになってしまいます。馬は観衆によって鍛えられる面もあるのです。

調教師の私も、大勢の観衆に見られているパドックに出るときは、いつも緊張します。馬主さんやそのご家族もいたりすると、やはり身だしなみもちゃんとしてないといけないし、慌てたりするとみっともない。馬を引く厩務員や助手も、パドックに出ていく前はじっと心を落ち着ける必要があります。

そういう緊張感がないのはある意味でとても楽でした。ファンの視線やカメラのシャッター音など気にせず。レースのことだけに集中すればいいのですから。馬を引いてパドックに出るスタッフも同じで、さあレースだ、と無駄に力が入るわけでもなく、ごく自然体で出ていける。

しかし誰もいないパドックに出続けていると、やはり気持ちがふっと「抜ける」ようになりました。緊張感がないことが寂しくなったのです。

さらにスタートの段階になって、ファンファーレの時の手拍子とか歓声の盛り上がりがないと、レースの重みが感じられない。「今日はGⅠだっけ?」と感じたことすらありました。

厩舎に出入りするメディアの数も少ない。記者が有力馬やトライアルで勝った馬の様子を毎日のように聞きに来て、本番が近づくにつれて慌ただしくなるということもなかったし、それにつられてスタッフの気分が高揚していくこともない。それが物足りなかったのも事実です。

馬場での表彰式がなくて、大観衆の祝福がないのもモチベーションに影響したような気がします。確かにレース前でもリラックスできますし、レースで敗れても馬主さんからの厳しい視線やファンの不満のオーラを浴びることもなかった。

しかし、それは本来の競馬のかたちではありません。やはり、大勢のお客さんに囲まれ、馬主さんに見守られ、多くのメディアに書き立てられてこそなのです。緊張感が強くて長いほど、それを克服して勝った時の喜びは大きいものなのです。

無観客に慣れて何の緊張もせずにパドックに出ていたスタッフが、大観衆が入るようになったら緊張してしまって、それが馬に伝わって不安感を抱かせることがあるかもしれないけれど、それも競馬なのです。

もちろん騎手にとっても、観客の存在はプレッシャーであると同時に、モチベーションになっています。直線を向いて大観衆の待つスタンド前のゴールに先頭で飛び込んでいくときの感覚は、何物にも代えがたいのではないかと思います。

いい騎手は惨敗を引きずらない

「無観客」についてはここまでにして、まずは、レースにおけるもう一人の主役である騎手についてお話しします。調教師生活も最後ですので、ちょっと厳しいことも言わせてもらいます（笑）。

レースが終わると、調教師は検量室に下ります。続々と帰ってくる馬を出迎え、下馬したジョッキーと言葉をかわします。「1」のレーン（1着）に戻ってくる馬ならば、ジョッキーも調教師も笑顔です。「2」や「3」だと、ジョッキーは「惜しかった」という様子で、苦笑いの中に悔しさが見える。

では、いいところなく着外だった馬の鞍上はどうでしょう。

凡走の原因が自分の手綱にあるとき、ジョッキーの表情は神妙で、がっくりと落ち込んでいる。顔に「すみません」と書いてあって言葉が少ないジョッキーもいるし、「追い出し、遅かったです」と反省を口にするジョッキーもいる。ただし調教師もその場でジョッキーを責めたりしない。勝負は時の運ですから。

ところが、ものの3分と経たないうちに、ジョッキーたちは変わります。

神妙だったのに破顔一笑。ジョッキー仲間と話しながら爆笑する様を見ると、とても惨敗した直後の鞍上には見えません。あまりの変わり様に、「こいつ、アホちゃうか」などと思ってしまう（笑）。

しかしジョッキーはこうでなくてはいけない。

気持ちの切り替えの早さこそが、いいジョッキーの基本です。反省すべき点は反省して、決してネガティブな気持ちを引きずらない。すぐにやってくるレースへ気持ちが向いているわけです。一日に何鞍も乗る競技者の特性でしょう。

そんな一流ジョッキーが、しばらく勝ち鞍に恵まれない場合、「調子が悪い」という判断は早計でしょう。勝てないことを引きずってはいないはずですから。

ただし、なかなか勝てないジョッキーに「勝ち焦り」が出ることはあるようです。本来なら40m先を見ていなければいけないのに、20m先しか見えない。勝ちたいという気持ちが強いあまりに、どうしても追い出しが早くなり、狭いところを抜けようとする。外から見ていれば「あと少し（ほんの少しです）我慢していれば、前が空くのに」というケースもあります。

そういったメンタルは、一つ勝つことで解消します。

では、勝ち鞍を重ねている「乗れているジョッキー」はどうか。馬券検討としては「買い」でしょう。調子に乗りすぎて失敗する、という心配はまずありません。感性が研ぎ澄まされている最高の状態にあるはずです。「ここが勝負どころだ！」というポイントでは、無意識に体が動いているはずです。いわゆる「固め打ち」があるのはそういうことです。つまり勝てば勝つほどいいわけですが、そのためには多く騎乗しなければいけません。

新人などの乗り鞍の少ないジョッキーは、ここがたいへんなところかもしれません。騎乗間隔が空くと、どうしてもネガティブな気持ちを引きずってしまう。ジョッキー独特の強力なメンタルを獲得するまでが一苦労です。

そのメンタルは誰に教わるわけでもない。数多くのレースを経験することで、自分で獲得する感性なのだと思います。

乗り替わりのダービーでなぜ勝てなかったか

前走から騎手が替わるとき、競馬新聞にはそのことが明記される。つまりは、馬券検討にも不可欠なファクターであるということです。

２０１７年の桜花賞に登録しながら出走を取り消したサロニカには、それまで3戦とも異なるジョッキーが跨がっていました。新馬戦は川田将雅、白梅賞はM・デムーロ、エルフィンステークスは福永祐一と、いずれも当代一流の乗り手ですが、クラシックに向かうような3歳馬、特に牝馬は、なるべくジョッキーを固定したい。

とくに、この時期の牝馬は繊細で神経質。鞍上が替わったことが分かります。

馬は自分の走るリズムを持っている。ジョッキーにも騎乗リズムがあり、二つがうまく噛み合うといい。トップジョッキーが何度か乗れば馬のリズムに寄り添うことができます。馬も「分かってくれてるね」と安心します。

ジョッキーにとっても、何をしたらスイッチが入り、何をしたら脚が鈍るのかが分かる。

どれだけ脚を使えるかをジョッキーは常に考えます。ゴール板までの走りがエネルギーにあふれている状態。才能ある3歳馬ならば、使える脚がレースごとに伸びていく。どこで追い出せば勝てるのか、お手馬にすることでジョッキーの感触が冴えてくるのです。

こういう馬の成長を、テン乗りでは実感できません。追い出しが短くなったり、伸びすぎて手前で垂れたりということが起こりやすい。

19年のダービーに挑んだサートゥルナーリアは、皐月賞を戦ってくれたC・ルメール騎手が、2週前に行なわれたNHKマイルカップでの騎乗により、オークスとダービーに騎乗できなくなりました。

正直、ありゃあ、と思いましたが、オーナーサイドがすぐに動き、短期免許来日中で、勝ち星を量産していたオーストラリアのD・レーン騎手を確保しました。しかし、平成以降騎手が前走から乗り替わってダービーを勝った馬はいないというデータ通り、人気を裏切ってしまいました。

秋初戦の神戸新聞杯はふたたびルメール騎手に戻って圧勝。しかし天皇賞（秋）ではルメール騎手にアーモンドアイというお手馬がいたので、短期免許で来日したC・スミヨン騎手で6着。スミヨン騎手に続けて乗ってもらった有馬記念では、何かをつかんだのか2着に食い込んでくれました。

レーン騎手やスミヨン騎手の技量が、ルメール騎手より劣るというわけではありません。18頭もの馬が一斉にスタートを切って同じコースを回り、2分ぐらいで勝負が決まる。枠順の優劣もあるし、出遅れもある。前にいた馬が斜行してコースをふさぐこともあれば、馬が何かの影に驚くこともある。結果は水物、勝負は時の運なのです。

ましてやダービーともなれば、どの馬も究極に仕上げてきています。むしろ、崩れないでコンスタントに上位に食い込んできていることがすごいことだと思ってほしい。常にその馬に乗っている騎手のほうが、乗り替わったばかりの騎手より、少しだけ多くの情報を持っており、その対処も常日頃から頭にあったということではないでしょうか。

乗り替わりがプラスに出る場合

では乗り替わりのないほうが絶対にいいかというと、そうとも言えない。能力はあるはずだし、騎手の乗り方も悪くないのに結果が出ない馬の場合、ジョッキーが替わると、馬も変わることもある。

特に外国人ジョッキーの手綱。彼らは馬にショックを与えてくれます。筋肉が硬くて動けなかった部分を、技術とパワーで巧みに動かし、走りを引き出してくれる。「この筋肉が動けば、この馬はもっと走る」という感触が分かるのでしょう。こういう場合の乗り替わりは、馬にとっての転機となります。

いい効果を意図する場合もあります。ズブい馬ならば、がっちり追ってくれる岩田康誠騎手、内田博幸騎手に依頼する。前進気勢が旺盛で引っかかってしまう馬なら、手綱の柔らかい騎手に任せたい。目論見が図にあたれば、その騎手にしばらく乗ってもらうことになります。

「ズブい馬＝強い手綱」「引っかかる馬＝柔らかい手綱」という常識から外れて、良い結果を出しているコンビもいます。

たとえば、重賞こそ勝てなかったものの8歳まで走って5勝をあげてくれたハッピーモーメント。準オープン昇格後の3戦が着外続きでしたが、２０１６年夏の新潟で関東の津村明秀騎手に初めて乗ってもらったところ6番人気の2着と好走。以後、続けて乗ってもらっていずれも掲示板を確保。17年2月の早春Sで勝利し、7歳でオープン入りを果たすことができました。ジョッキーのリズムと馬のリズムが合ったのですね。

さて、騎手の乗り替わりは、馬券検討からするとどうでしょう。

1回結果を出したのに次走で負けた。そういうジョッキーが、しばらくしてまた乗る。そんなケースは注目かもしれません。馬のリズムをジョッキーは分かっています。

外国人騎手はどこが優れているのか。

2019年は164勝のC・ルメール騎手が3年連続のリーディングジョッキーとなりました。ルメール騎手とM・デムーロ騎手はすでにJRA所属騎手としてキャリアを積んでいますが、短期免許で来日したD・レーン騎手やO・マーフィー騎手なども活躍しました。その他世界のトップジョッキーが毎年のように来てくれます。

外国人ジョッキーの活躍を抜きに、今の日本競馬は語れません。角居厩舎でも17～19年の勝ち頭はM・デムーロ騎手でした。

確かな技術で勝ち切ってくれるため、馬主さんは自分の馬に彼らを乗せたがります。厩舎としても馬のポテンシャルを最大限に引き出してくれる期待もあって頼もしい。彼らの乗る馬は人気が上がる傾向にあるので、馬券検討も外国人中心になりがちです。人気馬だけでなく、人気薄の馬を上位に持ってくることも珍しくない。

なぜそんなに勝てるのか。

豊富な騎乗経験による引き出しの多さ、下半身の筋力の強さ、そして勝負どころを逃さない感性などは当然のことですが、彼らはとても日本の競馬が好きなのだと思います。

馬場がいい、賞金もいい、馬も馬にかかわる人もいいというだけでなく、日本の競馬が面白いようです。

ヨーロッパなどにくらべると、出走頭数が比較的多いので、ジョッキーの技術が発揮できる。仕掛けて、下馬評を覆す楽しみがある。そういった日本競馬の評判は、ルメールやデムーロなどの口コミで、世界中に広がります。

フランスの7頭立てのレースなどは、まぎれがなく、たいてい人気通りで決まります（だから、売上も伸びず、ひいては賞金も高くならない）。腕の見せ所がなく、退屈なようです。

ただし出稼ぎ気分で勝てるほど日本の競馬も甘くない。

彼らは大変な努力をしています。

向こうの競馬にはないシステム、たとえば調整ルームに閉じこもる点。彼らにとっては束縛されて窮屈かと思いきや、そうでもない。モチベーションの維持に役立つようです。海外では自分で手配しなければならない過去のレースビデオなども、調整ルームではきちんと整備されています。そこで彼らなりに策を練る。自分の乗る馬の特徴はもちろん、相手関係の情報まで頭に叩き込む。どこをどう見ているのかは、それぞれのジョッキーで違うかもしれません。経験や才能、腕っぷしの強さだけで勝っているわけではなく、とても勉強熱心です。実はそういう姿勢こそ、厩舎人から歓迎されるのです。

日本人ジョッキーは彼らにいい馬をさらわれているとネガティブにとらえるのではなく、よいお手本がわざわざ向こうから来てくれていると思ってほしいですね。

外国人騎手の情報分析力、一瞬の感性

ただし、これほどまでに突出しているように見える外国人騎手ですが、実は〝ゲームメーカー〟ではありません。レースを作るのは、やはり日本人騎手なのです。

傾向として、人気を背負った外国人騎手の馬よりも先に行きたいと考えます。そう簡単に勝たせるかと、前に出て走路を閉めたい心理が働く。その心理が展開を決めます。

ところがC・ルメールなどの外国人騎手は詰まる（ことが予想される）ポジションはまずとらない。勝負に持ち込める好位をしっかりとっています。その点が重要、彼らは少なくとも「競馬にならなかった」という事態だけは避けてくれる。なので、負けても納得がいくのです。

日本人騎手の馬がどう動くのか、彼らには分かるのでしょう。ジョッキーそれぞれの特徴もしっかり頭に入っている。思い切った乗り方をするのか、じっと手綱を絞るのか。寄せていくとすんなり開けてくれるのか、あるいは頑として譲らないのか。有り体にいって巧いジョッキーなのか、そうでもないのか。つまり日本の競馬をよく見てきている。

かつての外国人ジョッキーは、そこまで日本競馬を研究していなかった。短期免許で来日した外国人ジョッキーは「武豊をマークしておけばなんとかなる」と言っていたという話があります。彼の位置取りについていって、最後にかわせば勝てるというわけです。

しかしルメールやM・デムーロ、さらに毎年のように日本にやってくる騎手たちは、その経験値に加えて研究熱心さがある。たとえば「A騎手とB騎手はあまり仲が良くないから、絶対に譲り合わない」とか、逆に「一緒になって俺を締めてくるぞ」とか。人間観察力にも優れている。

レースの枠順が決まると、彼らの頭には展開が浮かぶのでしょう。人気馬に柔らかい手綱が特徴のC騎手が乗る。隣の枠は強いさばきで馬を動かすD騎手、スタートのうまいE騎手は、外から出てくる……すると自分の馬はどう絡むのか。内でじっと我慢していると、外からF騎手が仕掛けて、出口をふさいでくるぞ、などなど。さまざまなシミュレーションを行なうのです。そして自分の馬がより優位に立つにはどうすればいいのか、その発想力、想像力がすぐれているのだと思います。

勝負強さは、GIなどグレードの高いレースほど目立つ印象があります。それはおそらく他の日本人ジョッキーも一流で、それぞれが思ったように馬を操ることができるため、シミュレーションの精度も高くなるということでしょう。何度も闘ってきた相手で、それぞれの馬の特徴も分かっている。

もちろん、いかに情報分析力が優れていても、その通りの展開にはなってくれません。

ただし、予習した情報を一瞬の判断で生かすことはできる。「コンマ1秒後にはここが空く」と思える。いや、思っているだけでは遅い。思う前に動いている。その感性が外国人ジョッキーには確実にあります。

角居厩舎と縁の深かった日本人騎手

角居厩舎は騎乗依頼する騎手の数が多いほうです。

現在の競馬では、トップジョッキーの取り合いになっています。最初に騎手のスケジュールを押さえてから逆算して仕上げていく厩舎も多い。それはそれで、一つの方法です。しかし角居厩舎では、出走できる態勢が明らかになったところで、騎手を探します。その結果、さまざまな騎手とお付き合いすることができました。

56勝をあげて調教師リーディングを取った2013年の勝ち頭は、関東の内田博幸騎手で7勝。2位は6勝の福永祐一騎手と、短期免許での来日だったC・デムーロ騎手、さらに障害の高田潤騎手で、20人ほどの騎手が勝っています。勝ち頭のジョッキーが20勝近くあげているリーディング上位厩舎は多いですが、角居厩舎は一人の騎手が年間10勝以上したというのが3回しかありません。

意外かもしれませんが角居厩舎で一番勝ち星が多かったのは、2020年に調教師免許を取得した四位洋文元騎手でした。四位騎手はコンスタントに勝ち星をあげ、常に20位以内には入っていましたが、騎乗回数はそれほど多くなく、リーディングトップを争うような騎手ではありませんでした。しかしウオッカでダービーを勝ってくれたように、角居厩舎とは縁が深かった。

感覚派ではなく理論派。どういうふうに乗ればいいのかというのを常に考えています。調教の段階から、馬の癖などをフィードバックしてくれる騎手で、とても頼りになる存在でした。私があれこれ指示をするということはありませんが、「この馬、ちょっと行き詰まってるんだけど」などというと、自分で考えてそれまでと違う戦法をとったりします。四位騎手には「この馬は能力があるけど、癖がある」というようなことを言いやすかったし、そういう馬を面白がって乗ってくれました。関東の騎手では横山典弘騎手が同じようなタイプでよく相談したものです。

しかし、関西では何といっても武豊騎手の存在が大きかった。日本競馬に初めて現れた

「華のある騎手」です。騎乗技術や精神力、人間性については、私がいまさら言うことではありませんが、忘れてはいけないのがその明るいキャラクターです。武騎手のおかげで、競馬ファンの裾野は大きく広がりました。厩舎開業当時、すでに13年連続のリーディングジョッキーで、武豊騎手に頼めるかどうかが馬づくりの指針になっていました。

だからレース前は何も言いませんし、未勝利とか500万（1勝クラス）のレースでは依頼できなかった。準オープン以上でも勝ち負けできそうもない馬は失礼だと感じていました。そんなこともあって4回に1回は勝ってくれています。厩舎初の重賞勝ちとなったブルーイレヴンを始め15の重賞を勝ってくれました。

角居厩舎で忘れてならないのは岩田康誠騎手。デルタブルースで菊花賞を勝ってくれた時は、まだ地方園田競馬の所属でした。長い距離をずっと追い続けることができる剛腕タイプで、我の強い馬をおとなしくさせる名人でした。中央に移籍してからは、一躍トップジョッキーとなり、リーディング争いをするようになりました。有力馬の騎乗依頼が殺到していた時期は本人もとにかく貪欲で。ウオッカやヴィクトワールピサ、アヴェンチュラなどでＧⅠを勝ってもらっています。その後一時期、低迷しているといわれた時期もありましたが、いまは息子さん（望来《みらい》騎手）がデビューして頑張っており、すっかり穏やかなお父さんになりました。「岩田望来の父親です」なんて自己紹介をしています（笑）。

福永祐一騎手は1000勝するまで、そしてダービーを勝つまでは、やはりお父さんの幻影と闘っていたような気がします。お父さんと仕事をしたホースマンも多く、北橋修二先生などは、わが子のように接していました。いまや三冠も達成し、押しも押されもせぬトップジョッキーで、なかなか気軽には頼めなくなりました。岩田康騎手、四位騎手とは同じエージェントだったので、シーザリオやエピファネイア母子をはじめ、多くの馬を勝利に導いてくれました。

川田将雅騎手は角居厩舎が開業した後にデビューした若い騎手で、エリザベス女王杯をラキシスで勝ってもらっています。馬が動くのを待つのではなく、馬を動かそうというタイプで、馬づくりに関して自分の意見をはっきり言います。私は言ってもらったほうがいいほうですが、それでも「けっこうきついことも言うなあ」と思うぐらいですから、嫌がる調教師は多いと思います。馬主さんなどから嫌われることもあるかもしれませんが、それで乗せないというのならそれでもいい、といったところがある。騎手仲間に対しても同様なようで、かつての藤田伸二騎手のような感じでしょうか。最近では少なくなったタイプですが、それでしっかり結果を出しているのだから、大したものだと思います。

内田博幸騎手も岩田康騎手と同様、癖があってズブい馬に乗ってもらっています。角居厩舎ではGIとは縁がありませんでしたが、19年にワイドファラオでニュージーランドトロフィーを勝ってくれました。

少し若いところでは藤岡康太騎手。ディアデラマドレで重賞を3つ勝ってもらっています。逃げ馬か追い込みか、極端な競馬が多いですね。私同様、きちんとしたお兄さん（佑介騎手）がいるからか、ノー天気な性格でとても頼りになります（笑）。

馬のリズムに合わせた体重移動が必要

絶対的な真理として、いいジョッキーはリズム感に優れている。ただし自分の騎乗リズムではなく、馬に合わせることができるリズムです。

馬には馬の走りのリズムがあります。大きな馬には大きなストライドの、小さな馬には小刻みなリズムがある。もちろん、十人十色（十馬十色？）だから、それぞれ特有のリズムがあります。

ジョッキーがそれを妨げないように乗ってくれると馬はラクです。さらに進んで、馬の微妙なリズムを汲み取って、それを最大限に生かすジョッキーが優秀なのです。

馬が疲れてきてもう無理と思ったところから、ジョッキーの技術で脚を使うことができる。馬からすれば「走らされた」という感じでしょう。馬のリズムとは重心移動のことで、ジョッキーがそこに綺麗に合わせてくれると、走るわけです。

馬の重心移動を汲み取れないジョッキーは、焦って速いリズムになるか、遅れたリズムの騎乗になりがちです。すると馬は、自分が思ったほど進めずにしんどくなり、引っかかってしまう。

トップジョッキーは、跨がった瞬間に馬の重心の振り幅が分かる。本馬場での返し馬で自分の感触をしっかりと確認している。膝や脚や拳の操作テクニックを総動員させて馬のリズムに合わせる。そういうジョッキーはテン乗りでも問題ない。

大事なのはリズム変換です。

競馬の時の馬の走り（襲歩）のリズムは4拍子。「ダダダダッ、ダダダダッ」という感じです。左手前の場合、着地する順は、右の後ろ脚→左後ろ脚→右前脚→左前脚となり、左前脚で地面を蹴った後は、4本すべての脚が空中に浮きます。この際、後ろ脚で蹴る2拍が限りなく1音に近くなる馬もいます。

日本人ジョッキーは、後ろ脚で地面を蹴るときに沈み込んで加速のタイミングを入れる場合がほとんど。しかし、ヨーロッパのジョッキーは少し違う。後ろ脚で地面を蹴るタイミングで自らの体重が馬の負担にならないよう、「体重を抜く」という技術を使える。一本調子ではない複雑なリズム変換ができるから、どんなリズムの馬にも合わせられる。そんな鞍上ならば、馬は最後まで脚が止まらず激走する可能性大でしょう。

角居厩舎が新馬戦で減量騎手を起用しないのは、実はそういう理由です。その馬のリズムがどんな具合なのかは、走ってみるまで分からないから、感性の豊かなジョッキーにリズムを確かめてほしいという意図があります。

感性豊かなジョッキーとは？　有り体にいって、ランキング上位の騎手です。騎乗回数が多くなれば経験値が大きくなり、馬のリズムが感覚として分かってくる。それでますます勝ち鞍が増えるのでしょう。

ファンの視点として、ジョッキーがテン乗りのときのレースぶりに注目するのも一興かもしれませんね。

騎乗依頼が少ない個性派ジョッキーにも注目

調教師も馬券を買ったファンと同じで、勝負どころで出てくるのは、一つ屋根の下で暮らしているはずの管理馬名ではなく、騎乗しているジョッキーの名前です。連呼する様子が、競馬ファン以上に迫力がある先生もいます（笑）。

ただ年季の入ったファンになると多少の流儀があるようです。人気馬に乗るジョッキーの名は呼びにくい。常に人気を背負っている「ミルコ！」「ルメール！」「ユタカ！」と叫ぶのはカッコ悪いというわけです。もっとも彼らが乗るから人気になるというケースも多いのですが。

叫ぶのなら若手や人気薄に乗る騎手名がいいそうです。そのほうが払い戻しも多くなるので当然なのかもしれませんが、トップジョッキーも人気薄に乗ることがあります。それでもなお騎乗機会の少ないベテランや若手ジョッキーの名を呼ぶときのほうが気合いが入るというのです。

ファンに名を呼ばれて期待に応えられるジョッキー。そんな存在は陣営にとっても頼もしい。人気通りではなく、それ以上の結果を持ってくるジョッキー。なにかをやってくれるという期待感があります。

他の厩舎のことは分かりませんが、私はジョッキーには乗り方の指示をしません。一方で発展途上の若手には、短く指示を出すこともある。思い切った乗り方をしていい、と。チャンスを与えていると同時に、厳しい目で見ています。その人間の「思い切った」というものがどの程度なのか。おそらく性格的なものが大きいと思いますが、レースでは如実に分かります。

たとえば、あるレースで人気馬にはトップジョッキーが跨がっている。「いつまでもルメールにリーディングを走られてたまるか！」という気概が日本人ジョッキーにも当然あるはずですが、性格的な濃淡は出る。「いっちょ、食ってやるか！」と開き直れるタイプがいい。「メンバー的に、ちょっと厳しいかな。掲示板に載れば……」などと目線を下げてしまえば、鞍上の動きは変わってきます。

前にも書きましたが、レース中に「ここが勝負どころだ！」などと思っているようではまだまだ。脳がゴーサインを出す前に体が動いていなければ、コンマ数秒、結果が変わってくる。それができるジョッキーの胸には、「絶対に勝つ！」という強い思いがあるはず。調教師はそこには踏み込めない。コンマ数秒の差は、ジョッキーのメンタルの差であることも少なくないのです。

昔は癖馬、暴れ馬を巧みに乗りこなすスペシャリストがいました「こういう馬なら〇〇騎手」という名コンビがいて、ファンにも知れ渡っていた。スペシャリスト気質のジョッキーは今もいますが、暴れ馬自体は調教方法や外厩制度の進歩などで少なくなった。

リーディング上位の常連でなくても、思わずうなってしまう個性豊かなジョッキーはまだだいます。鞍上はオーナーや牧場の意向に沿うようにしますが、「こいつが乗れば面白いのになあ」と思うことはあります。前出のような年季の入ったファンならば、心当たりがあるはずです。

調教であやしい動きをするような馬でこちらも半信半疑だったりすることがあります。若い騎手では難しいけれど、リーディング上位騎手のエージェントも二の足を踏む。そういう時、酒井学騎手は「いいですよ」と乗ってくれます。穴党のファンに人気の騎手ですね。

藤田菜七子騎手は、70勝を超えたあたりから、急速に上手になったような気がします。逃げれば残すし、差してくるタイミングもよくなりました。２０２０年夏の新潟では４番人気の馬を2着に持ってきてくれました。

今年の新人・泉谷楓真騎手も頑張っています。減量が効いている間はとにかく前につけなければだめだと言われてます。騎手はそれでどこまで持つのか覚えていくし、依頼する側はどれだけ持たせられるのか試しているところもあります。

調教師生活もあと1年を切った今年4月、５年目の森裕太朗騎手が角居厩舎の所属になりました。私自身、弟子は取らない方針でしたが、親御さんの知人を通じて頼まれたのです。まだ１００勝に届いておらず☆（1キロ減）の「見習騎手」で、すでに重賞を勝っている同期の坂井瑠星騎手や藤田騎手には後れを取っています。所属になっても、あまり数は乗せてあげられないと言ったのですが、「角居厩舎はいい馬が多いので、調教に乗せてもらうだけでも勉強になります」とのことだったのでお預かりすることにしました。

しばらくはどういう騎乗をするのか見ていましたが、着狙いで、勝つための思い切りがなく、いいところで引いてしまったりするので、「おまえの乗り方は面白くない」と伝えました。あまり危機感もなかったので、このままだと、減量が切れた後、乗り馬がなくなるとも言いました。

気は強いのですが、頭を下げることをよしとしないところがある。他厩舎の馬に乗せてもらうときなども、感謝の気持ちが足りないと叱りました。

6月にアイタイを6番人気で勝たせたり、他厩舎の馬でも何度か人気薄を勝たせています。人気馬に乗れることはなかなかないと思いますが、まだ若いので頑張ってほしいですね。

お世話になったオーナーの方々

私がこれだけの成功をあげることができた大きな要因として、お世辞ではなく（笑）日本競馬を根底から支えてくださっているオーナーの存在があります。かつては、調教師になったとたん「俺の馬」などと言いだしたりする御仁も多かったと聞きますが、私はオーナーの意向を汲むことで、毎年いい馬を預からせてもらうことができました。

ウオッカの谷水雄三オーナーとは、松田国英厩舎にいるときからお付き合いさせていただいており、厩舎開業時からいい馬を預けていただきました。

私が引退を明らかにした17年の正月にも、すぐに厩舎に飛んできてくれました。血相を変えて「何があったんだ⁉ 馬主の誰かが嫌がらせをしたのか、それともＪＲＡが何か言ってきたのか。私でよかったら力になるぞ」と言ってくれました。そうじゃなくて云々と説明をすると、引退を決めた私の意思を尊重してくれました。「これだけの成績をあげているのに惜しい」というような反響が多い中、素晴らしい決断だと理解していただきました。

先ごろ私の厩舎で調教助手をしてくれた村山明調教師の厩舎が火災に遭いましたが、その時もたいそう心配されて、「落ち込んでいるから励ましたい。タニノフランケルを転厩させてもいいだろうか？」と相談されました。もちろん、二つ返事でＯＫしました。

社台ファームの吉田照哉代表は、競馬への指示はないし、いい馬といい馬主さんを何人も紹介してくれました。もちろんお断りすることはできません（笑）。それから開業当時、「武豊騎手に乗ってもらえるような馬づくりを」とイレ込んでいた私に、「あくまでも馬優先、武豊騎手に合わせなければならないということはないよ」と言ってくれて、ふっと気が楽になったのを覚えています。

ノーザンファームの吉田勝己代表は、新人調教師だった私をキャロットクラブの中心に据えてくれましたし、私がやりやすい馬主さんを何人も紹介してくれました。

何より開業当時からの夢、海外で走らせたいということを考えると、社台グループの協力は欠かせませんでした。角居厩舎の馬だけで海外遠征をしようとしても、厩舎のスタッフを2名も3名も出すわけにはいかない、そんなとき、当時ノーザンファームにお勤めだった池添学先生や、やはり牧場出身で調教助手だった稲垣幸雄先生が行ってくれたりしました。これまで管理した馬の半数以上は、社台グループの生産馬です。

そのほか、ディープインパクトで知られる金子真人オーナーはノーザンファームに紹介していただきました。牡牝で三冠を達成、ダービーを3回も勝たれているように、驚異的な相馬眼をお持ちです。競馬を事業として確立なさった方で、牧場のPRや調教師の方針に従うだけでない、独特の考え方を持っていらっしゃいます。

預けていただいた馬は個人のオーナーでは一番多いのではないでしょうか。ブルーイレヴン、ダートGIを7つも勝ってくれたカネヒキリ、デニムアンドルビーやフルーキー、最近ではシャケトラを預からせていただきました。

里見治オーナーは、趣味としての競馬が事業へとなっていきましたが、最近は馬そのものがどんどん好きになっており、競馬場にもよくいらっしゃいます。重賞勝ちはサトノワルキューレだけでしたが、他にもいい馬をたくさん預けていただいており、その期待に応えられなくて申し訳ない気持ちでいっぱいです。

バローズの猪熊広次氏、キセキなどの石川達絵氏はビジネスパートナーで同じ勝負服ですが、とにかく馬がお好きです。セレクトセールの時は、「気に入った馬がいるのだが、どんなものか見てくれないか」と頼まれてご一緒していました。私の厩舎に入らない馬でも、いろいろ意見を求められたりもします。

トーセンの島川隆哉オーナーとは、かつてウオッカを預かってもらっていたテンコー・トレーニングセンターの厩舎長を通じて知り合いました。あまり競馬場にはいらっしゃらないのですが、競馬についての造詣はとても深いものがあります。

そのほか、大勢のオーナーに支えていただきました。中には顔を合わせれば挨拶をしたりするのに、結局馬を管理することがなかったオーナーもいました。

調教師の仕事の一つとして、新しい馬主さんの開拓というのがありますが、幸いなことに早い時期に軌道に乗ることができたため、私のほうから積極的に〝営業〟することは、あまりなかったと思います。「やらせてください」とお願いすれば、もっと多くのオーナーとお付き合いできたのかもしれません。いい仕事ができるようになったら、お願いに行かなくてはならないと思っていましたが、日々一所懸命やっているうちに結果が出てきて、馬も集まってきた、といったところです。

なかには角居厩舎が有力馬を多く預かっている馬主さんとの関係がよくないので預けない、というオーナーもいらっしゃいました。人間同士の折り合いも大切なのだということを学びました（笑）。

第2章
情報の読み方

コメントに込められた厩舎人の思い

騎手や厩舎サイドのコメントは馬券検討の重要なファクターのはずですが、それぞれの言葉には、さまざまな思いが込められています。

私はもちろん馬券を買いませんが、競馬新聞や競馬雑誌は読みます。こちらの出したコメントがきちんと反映されているかをチェックしたり、もちろん厩舎の馬の「印」を確認したり。あの厩舎の馬はずいぶん人気になってるぞとか、精読するわけではないものの、ひととおり目を通します。

では馬券検討をするとき、厩舎コメントはどれだけ参考になるのでしょうか。

競馬に関するコメントは、紋切り型表現とまでは言えないものの、独特の表現や、分かったような分からないような文章が出てくる。それを目にするたびに、なぜか笑いがこみ上げてくる。「巧く書くもんだな」という感じです。

厩舎サイドがコメントするのは、ざっくり分けると「調教後の評価」「レースへの期待」「レース後の評価」でしょうか。

たとえば調教評価について、「なかなか時計が縮まらない」というのがある。しかし「時計を縮めようとする調教をしない」陣営は多いのです。角居厩舎もそうで、もしウチがそのコメントを出したとすれば、それを知るファンは一笑に付すでしょう。ひょっとすると大満足の調教内容なのに、ネガティブな物言いをしているかもしれない。競馬記者をケムにまいているのではないか。そんな深読みができるわけです。

「気持ちは入っているのに、稽古の動きがもうひとつ」というコメントは、「やる気満々なのに……」と読みとれますが、実はちょっとテンションが高く入れ込み気味であることが多い。走りにも反映されていないということなのでしょうね。文章スペースがないせいか省略が利いていて「鞍上の気持ちは入っているのに」とも取れますね。「人の心、馬知らず」というわけでしょうか。

「いい意味で平行線」というのもよく聞くのではないでしょうか。物は言いようですが、その馬の前走を見て、勝ち馬からかなり離されていたりすると「?」ですよね。陣営としては元気なことは元気なのだ、と言いたいのでしょう。

たとえばテストの結果が芳しくなかった自分の子供が、担任から「息子さん、いい意味で平行線です」と評されたら、どう反応すればいいのか（笑）。含むところが複雑なので、一種の文学のようにも思えてきます。

思うに、厩舎関係者は管理馬のことを悪く言いたくないのです。なにか一つでも褒めてやりたい。「能力がない」と切り捨てるのではなく、いつかは走ってくれると思いたい。そこで表現に矛盾が出てくる。しかし、その期待感はなんとなく伝わってくる。そこが競馬コメントの不思議な面白さなのでしょう。

その辺は、ぜひ理解していただくとともに、しっかり読み取って馬券検討に生かしてほしいと思います。けっして嘘は言っていない（笑）。

極めつきは「気のいい馬だから、今後が楽しみ」という文言。「気がいい」というのは、普通ならば「気性が優しい」と思うわけですが、業界では全くの逆。容易に折り合いがつきにくい荒れ馬こそが「気のいい馬」です。おとなしい馬よりも大きく化ける可能性を秘めている。上手に調教すれば、将来は強い馬になる。という期待が込められています。

手に余る暴れん坊の悪童でも、「息子さんは気がいいから、先が楽しみです」と言われれば悪い気はしないのではないでしょうか（笑）。

タラレバコメントはウィークポイントの裏返し

「レースへの期待」になると、さらに奥が深くなります。

ポピュラーなところをざっと挙げますと、「スタートが良ければ」「うまく流れに乗れれば」「展開が向けば」「うまく馬群をさばければ」「落ち着いて走ってくれれば」「バラける形になれば」「手前を上手に替えられれば」などなど。「時計がかかる馬場ならば」というのもよく見かけます。

タラレバのオンパレード。「レースへの期待」なので、そういう傾向が出るものなのでしょうけど、それにしてもすごい(笑)。「スタートを決めて、もまれずに走れれば上位争い可能」なんて、ダブルのタラレバもある。二つも願いが叶えば、そりゃ上位争いになるでしょう。

実際のレースと陣営の「レースへの期待」をすり合わせて見ると面白いかもしれません。「スタートが決まって」、「もまれずに走った」にもかかわらず、ふたケタ着順だったこともきっとあります(笑)。もちろん、コメント通りに「時計のかかる馬場」だったから好走できた場合もある。

これらレース前の「タラレバコメント」はそのままひっくり返せば、結果が芳しくないときの言い訳に使えます。「スタートでもたついた」「流れに乗れなかった」「展開が向かなかった」「さばけなかった」「少しかかってしまった」「馬群がバラけなかった」「手前を巧く替えられなかった」「思ったほど時計がかからなかった」などなど。

そう考えると、調教師のコメントは、半分以上は馬主さんに向けたもののようにも思えます。どんな競馬でも勝てば文句なしですが、負けたときにはそれなりの理由が必要です。だから、コメントにはその馬のウィークポイントが潜んでいるともいえる。そのあたりを読み解くところに文学性を感じますが、馬券検討の時も頭に入れておくといいでしょう。

「絶好調。必ず勝ちます」なんて竹を割ったような強気のコメントはまず出ない。よくあるのが「ここを目標にしてきた」。GⅠ出走馬にとっては当たり前のことですが、重賞や特別に使ったときは、比較的言い訳の余地の少ないものだと思います。

逆に、弱気一辺倒のコメントもある。「元気が出てきたけど、一変まではどうか」「良化途上。一度使ってから」「メンバーが揃ったけど、一歩でも前進を」などなど。こういうコメントこそ、ファンとしては検証するべきで、そういった弱気なコメントなのに上位に入ったら、なにが成功要因だったのかを考えるといい。それこそ展開に恵まれたのか、ジョッキーが巧く乗ったのか。はたまた実は馬の出来に相当の自信があったのか。

弱気コメントばかりを出しつつ良い成績を上げる調教師だと、ファンからはウソつき呼ばわりされてしまいそうです。レース前のコメントとレース結果、さらにレース後のコメントを系統的に記録してみると、どういうことになっているか興味があります。レース前に何を言ったかなど記憶していないことが多いので、ある真理が導き出せるかもしれません。

前項でも触れましたが、やはり関係者は馬に期待したいのです。たとえ芳しくない馬でも、いつかは走ってくれると思いたい。だから、最初からある程度の予防線を張ってタラレバの多いコメントになるのでしょう。

調教師の本音としては、おおむね次のような感じなのだと思います。

「やれることはやった。あとは信じるのみ」――人事を尽くして天命を待つ。しかしこの「天命」の部分にタラレバ要素が多くなる。やはり競馬は分からないことだらけです。

レース直後の騎手コメントは貴重

前の2つとは違って、レース後はまずジョッキーがコメントします。重賞などで勝った場合は、「強い馬です」「精神的に成長した」から「僕は乗っていただけです」まで、これでもかというほど褒めまくります。

問題は勝てなかったときです。「しまいが甘くなった」「今日は周りが強かった」「返し馬からテンションが高くて」「時計が速すぎた」「ペースが遅かった」「揉まれてやる気をなくしたようだ」……何かを言わなければいけないから、聞き慣れた紋切り型表現が多くなる。それを聞くと、「まあ、そういうことか」と納得するしかない。陣営としては、ここまではご愛嬌と捉えられます。

しかし、レース直後の興奮状態のせいか、ジョッキーの本音が吐露されるときも多いのです。だから私はできる限り競馬場に臨場し、レースの終わった騎手に寄り添うようにしています。

ファンの方もレース直後のコメントを、メディアを通じて聞くことがあると思います。

「分からない」「ショックです」――人気を集めたにもかかわらず掲示板にすら載らなかったときに案外よく見かけるこの2つのコメントは、前出のものとはちょっと異質です。ジョッキーにこれを言われると、陣営としては腕を組んで首を傾げてしまう。

こちらは（ファンの方々も）客観的にレースを見守っているわけですが、鞍上は人馬一体のはず。どんなレースになったとしても、きちんと敗因の把握をしてもらわなくてはいけません。

「分からない」というコメントは、深読みをすれば、「この馬は自分には乗りこなせません」ともとれる。そんなジョッキーには、次のチャンスを与えることが難しくなります。

鞍上ならば勝てなかった原因が何かしら分かるはずです。たしかに、「仕掛けのタイミングが遅れた。私の不徳の致すところ。まだまだです」なんて潔いコメントは、メディア相手にはしにくいでしょう。それでも、ジョッキーはなんとかコメントをひねり出すものです。「直線までの手応えは悪くなかったけど、脚が止まってしまった」などなど。馬がしゃべれない分、人間が言葉を補ってやらなくてはいけない。ジョッキーには感情移入の能力と、当意即妙のコメント力が必要です。

競馬コメントの根底には、「馬のことを悪く言いたくない。なにかしら長所を見つけたい」という思いがあると前述しました。それを考えると、「分からない」は突き放しているようだし、「ショックです」は同じ馬相手では巻き返しが難しいという印象です。

前項で「レースへの期待コメント」を受けて、実際のレース結果を検証すると面白いと書きました。レース後のジョッキーのコメントが、次走にどう生かされているのか。その検証も一興ではないでしょうか。

もしレース直後に「分からない」と言ったジョッキーが次走でも同じ馬に乗っていれば、何か思い当たることがあったはずです。新聞には載らない敗因を、案外的確に陣営に話しているのかもしれません。そしてその対策もしっかりとれているはずなのです。ではその結果がすぐ出るかと言えば……そこが競馬の難しいところではあります。

強い馬が「人気者」になる

ファンあってのプロスポーツ。競馬もファンあってこそといえますが、ギャンブルでもある競馬の場合、ファンとの関係性が少し違います。

ＧⅠ週のインタビューで「ファンの方々へ一言お願いします」と聞かれると、判で押したように「応援よろしくお願いします！」と締めますね。まるで面白くないものの、聞かれた側にしてみれば、これしか言いようがない。

これが野球やサッカーの選手なら、グラウンドに立った時の歓声が大きければ大きいほど胸が熱くなるはずだし、苦境に立たされた時、ファンの応援は気持ちを奮い立たせる力になるに違いありません。

競馬の場合はどうか。パドックなどでたまに「○○頑張れ！」という声が聞こえる時があるものの、ふつうのファンにとってはやや違和感があるのではないでしょうか。もちろん騎手がそれに手を振って応えたりすることもありません（笑）。直線で騎手名を連呼するのも声援といえますが、その声援に応えて力が入るという話はあまり聞いたことがない。

特定の馬やジョッキーが好きというファンもいますが、多くの「競馬ファン」はギャンブラーなのです。だから本来応援イコール馬券です。「この馬に勝ってほしい！（お金を儲けたい）」というファンの願いが、そのまま馬への声援となり、オッズへと反映される。馬名が入っている〝がんばれ馬券〟なるものもありますしね。人気薄で激走する馬を狙う穴党もいますが、多くは勝てそうな馬、連に絡みそうな馬が「人気者」のはずです。

オーナーは愛馬が人気になればうれしいし、勝利への期待も高まるかもしれませんが、馬は「よし、人気に応えるぞ！」とはまったく思わない（笑）。自分の馬券が売れようが売れまいが、まさに馬耳東風です。

一方、騎乗している人間は違う。支持を集めて単勝1・5倍の圧倒的1番人気などという場合、ジョッキーにかかるプレッシャーは相当なものになってしまう（ちなみに調教師も同じです）。

そんなジョッキーのメンタルを考えてみましょう。大きな期待に応えたいと気持ちを高ぶらせ、レースのシミュレーションに念を入れるはずです。さてそのとき、「思い切ってハナを切ってやれ！」とか「じっと最後方で脚をためるか」とか、極端な作戦は取りにくい。自他ともに認める強い馬なのだから、「スタートを無難に決めて前目につけて、直線で勝負」という、まあスタンダードな作戦に落ち着きがちです。

ところが、そうは問屋が卸さない。他陣営は圧倒的人気馬を照準にして、さまざまな手を打ってきます。思い切って大逃げを打ったり、真後ろにつけてキツくマークしたり、あるいは勝負どころで馬込みに閉じ込めてやろうと思うかもしれない。

ここで前言撤回、馬も自分の人気が分かります。鞍上の緊張感が伝わるのです。「おや？○○ジョッキー、いつもと違って、なんか動きが硬いぞ」なんて思うことがあるはずです。これが「オッズの読める馬」の真実なのではないでしょうか。

意外とレースに影響しない「斤量」

「3歳（4歳）以上」の馬が同じレースで走る際のキャリア差を考慮して定められているのが負担重量です。

競馬予想のファクターとして、「右回りが得意」とか「前走は度外視」とか、いささか感覚的なものもあれば、馬体重や前走タイムなど、具体的な数字が出るものもあります。その具体的数字を比べて、「AはBよりも走る」とは簡単にはいかないのが競馬の難しいところです。

それらの数字の中で、明快に比較できるのが斤量。負担重量というくらいだから、負担は軽いに越したことはない。重い斤量を気にしない馬もいることはいますが、「だからって重くしないでくれよ」などと口を尖らせるかもしれません。逆に結果が芳しくない場合、「58kgは厳しかった」などと陣営がコメントしますよね。重い斤量は凡走の原因に使われることも多いようです。

馬の気持ちになってみましょう。斤量は騎手の体重だけでなく、鞍につける「重り」で調整します。たとえば2kgの負担増だとすると、鞍を背負った段階で「あれ？　ちょっと重くない？」と分かるはず。でも、たぶん気にしていない。パドックでジョッキーが騎乗しても、重いとは感じない。調教では調教助手が乗ることも多いし、スピードを追求しないにしても70kg近い斤量を背負って走っていますから。

思うに、斤量が重い軽いというは結果論の産物です。レースを走りきって、その消耗度で「やっぱり2kg重いと、レースはキツいな」なんて馬は感じる。つまり走ってみなければ分からない。

さらに日本の馬場は軽く走れるのが特徴で、斤量差の影響は比較的少ないのです（重馬場では軽い斤量のほうが有利ですが）。

そんな印象のせいか、私は斤量には大雑把です。斤量を意識してレースを選ぶことはありません。あえてハンデ戦を選ぶこともほとんどなく、斤量の軽さが格上挑戦の動機にはなるくらいのものです。

しかし、留意すべきこともある。3歳馬は時期によって、4歳以上の馬より負担が軽くなりますが、牝馬はさらに1～2kg軽い。もちろん、多くのデータをもとにはじき出された斤量差なのですが、現代競馬では3歳牝馬にとって相当に有利な印象があります。昔は4歳馬の秋が能力のピークだといわれていましたが、調教技術や飼育環境が上がった今では、3歳の牝でも馬格はそれほど見劣りしません。

斤量負け（昔はカンカン負け、などといった）する馬の特徴として、よくいわれるのは体が小さい馬。全体に斤量の占める割合が上がり、脚や心臓への負担が増します。背中が垂れている馬。そして、脚が長くて歩幅を延ばそうとするタイプも斤量には敏感といわれています。

逆に斤量の影響を受けづらいタイプは「大型で胴長で脚が短い」となるわけですが、そういう馬はヨーロッパのような荒れた馬場には強いものの、日本の軽い馬場には向いていないのです。

馬齢、体型、馬場状態、そして斤量。これをセットにして考えると面白いかもしれません。

斤量が重いほうがいい場合もある

前項で斤量について、「負担重量というくらいだから、軽いに越したことはない」と書きました。しかしむしろ重い斤量が吉と出る可能性もある。「慣性の法則」を味方にできれば、です。

難しい定義は省きますが、動き出した物体は抵抗がない状態だと動き続ける、といった物理法則です。実際の摩擦力はゼロではないし、物体には重さがあるのでやがては止まりますが、重力の働く方向は鉛直方向で、水平方向（前進方向）にはその重力はあまり働かないということです。

競馬に置き換えると、ラストの直線で馬が地面を蹴って馬体を騎手と共に持ち上げた状態、宙を飛んでいる間は「慣性の法則状態」に入っている。騎手は宙に浮いている状態で、馬の重心をゴール方向に移行する。これは騎乗者に重さがあったほうが有利です。

そして短距離よりも長距離。トップスピードに入ってからゴールを切るまでの距離が長ければ長いほど、重さはマイナスにはならない。東京や新潟のようにラストの直線が長いコースですね。

鞍上の力も必須です。脚抜きが良くてラストの直線でスピードに乗ることができればいいのですが、そうじゃない場合だって数多い。そんな時、重い馬を巧みに走らせてくれる。いわば「慣性の法則」を使いこなせるジョッキーがいい。

馬が走るときの重心に、ジョッキーが自分の体重（つまり斤量）を巧みに利用できる。振り子のように前に振る。本来ならエネルギーがなくなって着地していたはずが、もう半歩だけ延びる。宙を飛んでいるような状態です。

そういう騎乗技術が、トップジョッキーの体には染みついているわけです。

馬券検討の時、目当ての馬の斤量が大きい場合、距離と馬場状態、そして鞍上に注目すべきでしょう。特にヨーロッパの騎手はその技術に長けていると思われます。

これは負担重量とは別の話ですが、スタート時にも「慣性の法則」が働きます。電車が動き出す時、乗客の体が進行方向とは逆に引っ張られますね。「止まっている物体はそのまま止まり続けようとする」です。馬が急発進すると、鞍上は取り残されるようになる。体が後方に仰け反るようではいけません。しかし、どのジョッキーもそのことを分かっていて、急発進ではなく滑らかに出ようとします。しかし、スタートでタイミングが合わず、ゲートを出てからダッシュがきかないと、騎手が後方に仰け反るように見えることがあります。

ただスタートが巧くいくかどうかは、ジョッキーだけの責任だけではなく、馬を管理する側にとっても永遠の課題です。

何着までなら「次」への展望が開けるか

馬連を買っていれば「また2着3着かよ〜!」、ワイドや3連複を買っていれば「惜しい4着!」。レース後のこんな悲哀は競馬ファンなら何度も味わっているところでしょう。馬が勝った時、私たち陣営と応援してくれたファンの方々の歓喜はピタリと一致します。人気があろうとなかろうと、レースに出すからには、常に勝たせることを考えています。しかし現実問題として着順が下がるにつれ、両者に微妙な乖離が生まれることになる。

陣営が「3着なら、よく頑張った。強い相手が揃っていたし」などと自足するところでも、馬連を買っているファンからすれば「3着かよ〜」となりますね。私たちは、ファンの期待に応えられなかった悔しさを見つめなければいけません。

この乖離が、最も大きくなるのが4着、5着ではないでしょうか。馬券的には「ハナ差の4着」というのは、何の役にも立ちません。馬券を買ったファンにとっては4着でも5着でもどうでもいいことです。

しかし馬を走らせた側には通常8着まで、重賞ともなれば10着まで賞金が出ます。たとえばGⅠで天皇賞（秋）ともなれば、4着でも2300万円。これは平場のオープン特別勝ちとほぼ同額、5着でも1500万円です。重賞の場合、本賞金が加算されるのは2着までですが、4着以下でも着順を一つでも伸ばすことがいかに大事か分かります。

調教師として馬主さんになんとか顔が立つのは掲示板に載る5着以内。未勝利戦でも5着に入れば、預託料1か月分の負担がほぼ相殺されます。

未勝利や1勝クラスだと、次走の優先出走権を得ることもできるので、プランが立てやすくなります。このクラスはいつでも出走馬ラッシュなので、場合によっては2か月以上使えなくなってしまうことがある。時期にもよりますが、あまりに間隔が開きすぎると、健康状態も維持できなくなるので、放牧に出すしかないということになってしまう。

お金のことだけ考えれば、上の条件で6～8着でも相殺できそうですが、その馬の今後を考えると、「6着でもいい」とはいえない。上位を狙う意識がないと、クラスが上がったときに、勝負にならない。常に高いクオリティーを考えておかないといけません。

角居厩舎は2019年、地方中央合わせて出走回数が299。40勝2着29回で勝率0・134、連対率0・231。5着以内に入ったのは計143回で、5割近い「掲示板率」となっています。リーディング争いは1着の数で競いますが、上位厩舎はこの「掲示板率」が5割を超えているのではないかと思います。

日本の競馬は賞金が高いから、一つ着順が違うだけでも、入ってくるお金がかなり違ってくる。重賞だとハナ差で何千万円も違うわけですからね。しかもその判定をするのは、ゴールライン上での写真だけです。明らかに勢いが優っていても、柔道みたいな「優勢勝ち」なんかない。それでも、本番に向けて課題が見つかったとか、脚が測れた、今度は逆転できるぞと息巻くことはありますが、ＧⅠだったらどうしようもないですしね。

ＧⅠで1位にならないと意味がない、というのはそういうことです。

2着馬は「勝ちきれない馬」と言われる

馬券的には2着、3着も大事かもしれませんが、陣営はやはり1着にこだわりたい。前項で「掲示板（5着）に載れば、馬主さんへの顔が立つ」と書いてはいますが、ＪＲＡホームページの調教師データに上がっている連対率や3着内率についてはあまり考えません。

オリンピック競技ではメダルを獲れば、それがどんな色でも讃えられます。しかし競馬は基本的には「金」至上主義。その昔、さる女性議員が「2位じゃ、ダメなんですか？」と鋭く言い放って話題になりましたが、その問いが競馬関係者に向けられたのなら、「もちろん、ダメです」と一蹴されることでしょう。競馬には参加することだけに意義があるということはない。特にギリギリまで仕上げるＧⅠレースでは勝つことに意義があります。

シルバーコレクターという称号は「実力があるのに運に恵まれない」といったニュアンスなのでしょうが、競馬では「肝心なところで勝ちきれない弱さ」と受け止められる。

勝って上のクラスにひとつステップアップする。そして、クラスが上がれば上がるほど

1着の重要性が増してくる。たしかに条件戦のうちは休み明けなど2、3着でいい場合もある。重賞にまで駒を進められれば、2着だったとしても賞金も加算されるし、GIで勝てばいいと腹を括れるところもあります。

勝ちを重ねて3歳のうちにオープン入りすると、使いたいレースを早めに決められるので、陣営はぐっとラクになります。そんな「抜けていく」ような馬は相当な能力の高さが要る。1勝馬で阪神ジュベナイルフィリーズを勝ったウオッカもそうだったし、新馬→オープン特別→重賞と3連勝したエピファネイアもそうでした。そんな素質は馬主さんも厩務員も助手もはっきりと感じています。素晴らしいものは分かりやすいのです。

1着にこだわる一方で、1勝馬や3歳未勝利などの場合、なにがなんでも勝たせようという強い調教は避けます。勝手に走って1着といったケースは別として、体が完成するまではじっくり育てます。

良血馬を多く預けていただいていたので、まずは入厩、ゲート試験合格が大前提。すぐにデビューさせないでいったん放牧に出すこともあります。レースに出すためには万全を期さなければならない。1つ勝てば、いつかチャンスが巡ってきます。

そういった事情から、どうしても春のクラシックは微妙な位置づけになります。GIとして結果を求めたいけれども、激しい調教は控えたい。たとえば、フラワーカップを勝っても桜花賞に間に合わせようとしなかったケースもありますし、早い時期に2勝目をあげても、皐月賞ではなくダービーに照準を合わせることもあります。

勝ち馬からコンマ5秒差は「相当大きい差」

レースで勝てなかった時、陣営は着順より勝ち馬との着差に注目します。馬柱でも確認できるこの数字はどういう意味を持っているでしょうか。

前走ハナ差負けなら勝ったも同然、アタマ差、クビ差でも今度こそなんとかしてくれるのではないかと思うでしょう。とくに未勝利戦などでは、そういった馬に人気が集まるでしょう。

さらにファンの感覚からすればコンマ5秒差くらいなら、と思うかもしれません。でも私たちの感覚としては「コンマ5秒も」です。同条件での巻き返しの目安はコンマ2秒差でしょうか。コンマ2秒差はほぼ1馬身。前の馬の影を捉えられるかどうかというところ。それを考えると、コンマ5秒差は相当に大きいことが分かります。

しかし、場合によってはなんとかなる。どんな競馬でコンマ5秒差だったか。そこが大事です。

まず展開。逃げて負けた時はまずい。逃げ切れずにコンマ5秒差がついた馬は、次走はコースや競馬場を変える場合が多いようですが、たいていは芳しくない。よく1400mで逃げきれなかったから1200mなら粘れるというけれど、コンマ5秒差の大差は埋めにくく、そう簡単ではないのです。

一方、差し届かずのコンマ差ならば見込みはある。届かない馬はエンジンをかけて動き出すまで時間がかかる。不器用なタイプなので、競馬を覚えて上手に立ち回れば着差を埋められます。各コーナーの通過順を見れば、どういう競馬をしたか分かるはずです。

次に距離。同じコンマ5秒差でも、1200mと2000mの場合はもちろん違う。同じ着差ならば、たしかに距離の長いほうが頑張った印象を受けますね。長い距離のほうが逆転可能と思うかもしれません。でも実は逆で、短い距離のほうが着差を縮められやすいのです。

２０００ｍのレースで普通の脚質ならば、レースが落ち着く頃には自分のポジションにもっていくことができるはず。それができず、コンマ５秒も離されているということになれば修復しづらい。チャンスがあったにもかかわらず、３馬身ぶっちぎられたという感じです。

道中をいい位置につけたけれどもコンマ５秒離されたならば、さらに完敗感が漂う。競馬を分かっているわりには勝てない。その時の力不足、体力の状態を見て、思い切って放牧に出すこともあります。

つまり、いい競馬をしてコンマ５秒差というのは厳しい。３歳未勝利戦にそういう傾向が多いようです。

距離が短い場合のほうが、次走への修正の余地が大きいわけです。たとえばスタートでもたついて道中で好位につけられず、勝ち馬にコンマ５秒差で届かなかった場合。それならなんとかなりそうです。

「持ちタイム」は予想ファクターとしては危険

分からないことばかりの競馬の中で、時計こそが絶対的客観性があるように思えます。そのとおり、持ちタイムの信頼性はやはり大きい。いいタイムを出せる馬には、確実に能力がある。特に短距離レースほどタイムの優劣は重要です。

ただし、ペースによって走破タイムは違ってきます。新馬戦をマイル1分36秒ぐらいで勝った馬が、その次の重賞で2秒ぐらい速いタイムで勝つことはめずらしくない。

そこで最後の3ハロン（600m）をどれぐらいの速さで走るか、いわゆる「上がりタイム」に注目してみてはどうでしょうか。

道中常に同じペースで走るのではなく、脚力をゴール板に向けて爆発させる能力――道中の「タメ」が利いてこそ出すことができます。優秀な上がりタイムを出せる馬は、どのレースを走っても信頼性がある。

ただし、上がりタイムは信頼できるものの、その馬が絶対に勝つかというと、そうはいかないのも競馬です。

正規な記録ではありませんが、マイル戦の上がりタイムの最速は角居厩舎にいたディアデラマドレが持っていると言われています。２０１５年のマイラーズカップの31・９秒、ものすごいタイムです。ただし結果は７着で、走破タイムは勝ち馬からコンマ４秒差の１分33秒０です。

血統的にも末脚がキレるタイプでした。続くＧＩのヴィクトリアマイルでは末脚を見込まれて２番人気に推されたものの、ここも７着。それでも、やはり上がりタイムは全馬中最も速い32・８秒でした。

上がり31秒台で走れるならば、それ以前も、もう少し速く走ったらとんでもないタイムが出そうなものですけど、うまく「タメ」を作れたからこその31秒台なのです。

私は調教時にタイムをまったく気にしない。「上がりで32秒出さないと、次のレースは勝てないぞ」なんて思ったことは、ただの一度もありません。

馬の能力は資質、遺伝子レベルで決まってくるので、トレーニングによって短距離馬が長距離を走るとは思えないし、長距離馬に短距離を速く走らせても仕方がないのです。

角居厩舎ではどんなタイプの馬でも、基本的にはタメを作る調教を施します。結果的に上がりタイムを磨くということにはなっているのでしょう。

一方で、タイム理論というものもある。この馬はこれだけのタイムでこういうペースで走れるのだから、1400mから1600mに距離を延ばしても行けるぞというような予想を見ることがある。間違いではない気はするものの、時計を判断材料にするのがいいのかどうか。私ならば、「この馬は1400よりもマイルのほうが、タメを作りやすいのではないか」という発想です。

思うに、持ちタイムは勲章みたいなものなのでしょう。ディアデラマドレがキャリア16戦中マイルを走ったのは2回だけで、掲示板にも載っていませんが、「まさか、後方のあの位置から届くのか？」とファンに思わせる鮮烈な印象を残しました。

しかしGIを勝つということに関しては意味がない。GIはタイムが速くても遅くてもいいから勝つ、という作り方をします。

第3章

馬の個性

ダート適性は血統ではなく走り方を見る

毎週のように2歳馬がデビューしています。初めてのレースはやはり緑の芝の上を走らせたいというのが多くの馬主さんの〝親心〟ですが、その馬が「芝向き」なのか「ダート向き」なのかも、判断のよりどころはとりあえず血統です。

角居厩舎が預からせてもらっている馬は基本的に「芝向き」が多いのですが、それでもデビュー時期によってダートを走らせる場合もあります。冬場のデビューならばダートを走らせ、うまく走れば次走もダートへ、ということもめずらしくない。

馬の状態、たとえばソエが痛みやすい馬はダートデビューがいい。ぜひともクラシック路線へ、といったオーナーさんの強い意向がなければ、安全に早めに勝たせてやりたい気持ちがあります。

それで新馬戦を勝つと、「次は芝でいけそう」という雰囲気にもなります。ダートで2勝しながら7着に敗れたカネヒキリの毎日杯挑戦もそうでした。その後はダートに戻り、獅子奮迅の活躍を見せてくれました。やはりダートでこそという馬だったわけです。

クイーンマンボは父マンハッタンカフェ。ダノンプレシャスの半妹で、その血統構成から牧場からは芝で走らせたいというリクエストがありました。それで2017年3月の小倉・芝1800mでデビューさせましたが14着。しかし2走目のダートでは直線で抜け出し、2着に3馬身差の勝利。昇級戦も同じようなレースぶりで圧勝、地方交流戦である川崎の関東オークスや大井のレディスプレリュードを勝ち、中央の平安ステークスでも2着に頑張りました。「ダート血統」という判断ではなく、馬の状態や走り方を勘案してレースを選んだ結果です。

ダートでもチャンピオンズカップやフェブラリーSがあり、地方交流重賞もたくさんあるとはいえ、やはりメジャーのGIはすべて芝です。最初から〝ダート王〟を目指すというのは馬主さんからすれば抵抗があるでしょう。

1年に何頭も所有している大馬主さんならば、これはぜひダート路線でとなるかもしれませんが、ほとんどの馬主さんは、やはりクラシックを夢見ます。

場内放送などで「柔らかな風にターフが揺れています」などとはいうが、「砂の上に心地よい風が吹いています」なんて聞いたことがない。「荒々しい日本海の波のような砂の上を～」なんて言わない。

馬はどちらが好きなのか？　ダートのほうが脚が痛まない、脚元がラクだ、と思う馬はいるかもしれない。でも牧場の草を走るイメージで、芝が好きかもしれない。

馬は、どこの草が美味しいのか探しながら移動する動物なので、草の匂いが好きだし、芝を走るほうが楽しいかもしれません。これればかりは人間では分からない。

「ダートが合うかもしれない」という病

愛馬にはやはり芝を走らせたいというのが、馬主さんの偽らざる気持ち。

芝である程度キャリアを積んだ馬がダートを走るきっかけは「頭打ち」。その馬の戦績をたどれば分かりますが、けっして最終手段的な悲壮感溢れるものばかりではなく、ポジティブな考え方もあるように思えます。

たとえば「同じリズムで長く脚を使えるタイプ」という評価の馬。言い換えれば、そこそこ前に付けられるけれど、同じペースでしか走れず、最後の詰めが甘いいわゆる〝ワンペース〟（競馬専用の和製英語です）の馬。勝負どころでギアが上がらず、掲示板がやっとということが多くなる。騎手にしてみれば、あとひと踏ん張りすれば勝てるのに、という思いから陣営に進言することもあります。もどかしい思いを抱いているオーナーから「ダートを使ってみては？」と提案されることもある。

ダートを使うことで立て直しを図ることもあります。体が大きいのに、手先だけの軽い走りをする馬は、ダートを使うことで、しっかりした走りを覚えることがあります。「芝に戻す」という前提でのダート挑戦ならばいいと、承諾してくれる馬主さんも多いのです。もちろん勝ったことに気をよくして、そのままダート路線で行こうというケースもある。かき込むようなダートの走りを覚えて、それが合っている馬もいるのです。

いずれにしても、芝でなかなか勝てないとダートに活路を見いだそうとする「ダート使ってみたい病」（笑）です。もしかしたらダートでは無類の強さを見せてくれるかもしれない——春は芝でGⅠを勝ちながら、秋にダート1600ｍを1分33秒で走ったクロフネのような能力を秘めているかもしれない——調教師にそんな希望的観測があります。

しかしそうそううまくはいかない。

芝での軽い走りに慣れてしまった馬は、砂の上でもやはり軽く走ろうとするので上滑りしがちです。つまり力を出し切れない。

プラス、相対的な理由。ダート路線をずっと走ってきた馬はしぶとく強くなっている。ダートで重賞を勝ち負けできるようになった馬の陣営では、もう芝に戻そうなんて思いはない。

角居厩舎ではジャパンカップ2着もあったデニムアンドルビーを21戦目で初ダートのGIフェブラリーステークスに使ってみましたが16着。やはりジャパンC2着ラストインパクトも31戦目の初ダート東海Sで9着、平安S8着と、いずれも手厳しく跳ね返された感じです。ディープインパクトの半弟モンドシャルナも30戦目にして初ダートに挑戦しましたが最下位。

最近ではデビューからずっと芝を使っていたシーザリオの子グローブシアター。オーナーサイドからの提案もあって、19走目にして初めてダートBSN賞を使いました。能力がある馬なので途中までは食いついていましたが、止まり方があまりにもよくなかったので、その次からはまた芝に戻しました。1、2回で芝に戻せば、走り方が変わることもなく、調子を戻してまた芝で好走することもあるかもしれません。

偉大なる種牡馬サンデーサイレンス

競馬で大切なのは「今」です。競走馬の馬体重、パドックの様子。返し馬で状態を確認する。前走や前々走といった過去の戦績も検討材料ですが、「今」がもっとも大事なことは論をまちません。

しかしさらに過去にさかのぼって血統背景について考えると、競馬はさらに奥行深く、面白くなります。とはいっても三大始祖云々なんていうところから始めると、なんだか難しそうなので、まずはレースに出走する両親と祖父母のことをたどることから始めてはいかがでしょうか。

ここ10年のダービー馬の父は6頭がディープインパクトで2頭がキングカメハメハ。ともにダービーを勝っています。ディープインパクトは競走馬として国内ではクラシック三冠をはじめ13戦12勝というとてつもない成績を残し、種牡馬になってからも、三冠馬コントレイルなど次々活躍馬を世に送り出しています。キングカメハメハも8戦7勝で数々の名馬の父になりました。残念ながらこの2頭は2019年に相次いで亡くなりましたが、それぞれの子供たちもまた種牡馬として多くの活躍馬を送り出しています。

それ以前でも09年ロジユニヴァースの父は03年のネオユニヴァース、そして07年ダービー馬である角居厩舎のウオッカの父は02年のタニノギムレット。つまり「ダービー馬から生まれたダービー馬」というわけです。ちなみにディープインパクトの国内唯一の敗戦は05年の有馬記念で、このときの勝ち馬ハーツクライは、14年のダービー馬ワンアンドオンリーの父。国内のみならず海外GⅠも勝っており、やはり強い父が強い子を送り出している。これが血統です。

そして現代日本競馬の血統といえば、サンデーサイレンス（以下サンデー）を抜きにしては語れません。前出のディープインパクト、ハーツクライ、ネオユニヴァースのほか、11年オルフェーヴルの父ステイゴールド、08年ディープスカイの父アグネスタキオンもサンデー産駒。15年ドゥラメンテは母アドマイヤグルーヴの父がサンデーです。初年度産駒がクラシック世代となった1995年（タヤスツヨシ勝利）以来、サンデー絡みの馬が20年までに17勝をあげています。

非サンデー系であるキングカメハメハが勝った04年にしても2着から7着までがサンデ

ー産駒でしたし、オルフェーヴルが勝った11年などは、出走18頭すべてがサンデーの孫でした。

私が初めてサンデー産駒に接したのは松田国英厩舎の調教助手だった時。4年目の産駒で、重賞を4勝し、桜花賞でも2着に入ったフサイチエアデールという牝馬の第一印象は強烈でした。とても柔らかくて、いままで知っていた馬とは動きが違って、猫のように飛び跳ねる感じ……乗っているほうは怖いという感覚でした。

当時サンデー産駒がいるのは名門厩舎に限られていました。牡馬ならばすべて種牡馬になっていくような勢いがあり、事実後継種牡馬も次々に結果を出していました。

だから07年にウオッカが勝ったのは牝馬というだけでなく、血統的にも特筆モノかもしれません。お父さんのタニノギムレットはブライアンズタイム産駒。97年のサニーブライアン、94年のナリタブライアンとかつてはサンデーと種牡馬人気を二分していました。

しかし日本ダービーはいわば種牡馬を選別するレース。その舞台で牝馬が勝ったということで、「ほかの厩舎の牡馬が種牡馬になる一生に一度のチャンスを潰した」と言われたものです（笑）。

マイルをこなせる種牡馬が人気

前項、競走馬の血統について、ダービーにおけるサンデー産駒の圧倒的な活躍ぶりについてお話ししました。

ところが安田記念での成績はダービーほどではありませんでした。サンデー産駒が初めて出走したのは1996年。前年の皐月賞馬ジェニュイン（松山康久厩舎）が4着、オークス馬ダンスパートナー（白井寿昭厩舎）が6着でした。以後、毎年のように出走してきましたが、健闘はするもののなかなか勝ち馬が出ませんでした。2000年、01年と続けて京王杯スプリングカップを勝ったスティンガーも、直後の安田記念では撥ね返されました。

サンデー産駒が安田記念でふるわなかった理由としては、こんなことを言われていました――安田記念は高速マイルレースの傾向が強く、ラップが緩まずスピードの持続力が不可欠。サンデーは中盤で脚をため、残り3ハロンで一気に加速するようなところがあるから、序盤の追走に力を使ってしまって末脚が甘くなる。つまり「届かない」ことが多い、と。言われてみれば、そんな面もあったようです。

そんな中、意外にも初めて勝ったのは直子ではなく孫。04年、ダンスインザダーク産駒ツルマルボーイでした。サンデー産駒として初めての勝利は07年のダイワメジャーまで待たなければなりませんでした。

しかしこれはサンデー産駒にマイル適性がなかったということではないと思います。当時は、皐月賞の2000mやダービーの2400mを強く走る馬はマイルには使わないという傾向があり、3歳時にクラシック戦線で上位に来た馬は、天皇賞（春）か宝塚記念を目標にしていました。

マイルGIはいわゆる八大競走（牡牝クラシックに春秋の天皇賞、有馬記念）に数えられていませんでした。短距離馬限定（春のベストマイラー決定戦）という印象で、強い外国産馬の出走も多かった。そこにあえて中距離GIで安定した成績を残しているサンデー産駒を出走させる理由付けに乏しかったのでしょう。サンデー産駒のダービー馬で、古馬になってから2000m未満を走った馬は1頭もいないのではないかと思います。

その後GIレースの数も増え、その位置付けが変化してきました。かつて春の古馬GI戦線といえば一度叩いて天皇賞（春）、そして（安田記念をはさんで）宝塚記念まで待つしかなかった。しかし、現在では多彩な距離が同日に行なわれ、賞金も高額なドバイワールドカップデーがあり、GIに昇格した2000mの大阪杯がある。牝馬にはヴィクトリアマイルというレースもできた。それらを経て多彩なメンバーが安田記念を目標にするようになりました。牡馬の場合、2000m以上のGIに加えて、東京マイルGIを勝つことで、種牡馬になったときの大きなアドバンテージにもなります。

新種牡馬の産駒デビューは毎年の楽しみ

毎年多くの新種牡馬の子がデビューします。2020年に産駒がデビューしたドゥラメンテ、モーリス、リオンディーズなども、ターフで圧倒的な強さを見せた名馬。産駒がどんな競馬を見せてくれるのか楽しみでなりません。

角居厩舎の馬ではヴィクトワールピサやカネヒキリ、ルーラーシップやエピファネイアなどが日本で種牡馬になっており、今年はリオンディーズの子がデビューしましたが、かつて管理した馬の産駒が他の厩舎から出てきてもうれしいものです。なにか自分の子供のようなイメージがありますね。同時についこの間まで競馬場で走っていた馬の子供たちが競馬場でレースをすると思うと、本当に月日が過ぎるのが早く、いつのまにか歳をとってしまっていることを感じます。

競馬はブラッドスポーツといわれます。距離適性、芝向きかダート向きか、早熟なのか晩成なのかなどなど、馬の特徴に血統背景が色濃く顕われます。

調教師にとっては、それが若駒育成の参考になるわけです。好みの血統もあります。しかし私は「この血統の馬は、こうつくる」という決めつけをしませんでした。好みの血統もありません。馬の能力の多様性を狭めたくない、という意識もありますが、決められた路線を進むのが面白くないからです。今の時代なら、サンデーの最高傑作といわれるディープインパクト産駒が好結果を期待できるのでしょうが、むしろ新しい血統を手がけてみたいと思っていました。

角居厩舎での初めてのサンデー産駒は、1999年生まれの牝馬、カナダ年度代表馬の妹・トリプレックスです。社台レースホース所属の馬で、諸事情があって預からせてもらうことになったのですが、当時はまだ開業したばかり。「こんな名血を、どこの馬の骨とも分からない調教師に」などといわれて凹《ヘコ》んだものです。それでも3歳秋にはローズS4着など、ある程度の結果を出すことができました。繁殖牝馬として、オープン馬ダイワキャグニーなどを産んでいます。

当時サンデー産駒が預けられるのは名門厩舎に限られており、別格の存在でした。しかし、サンデー産駒が多くなかったことは、新規開業厩舎にとってはかえってよかったかもしれません。藤沢和雄厩舎での研修中にスティンガーを見たとき、キレキレの馬体で扱いが難しそうな印象を受けました。そういう馬がどっしりといると、厩舎としてはどうしても慎重になりがちです。若いときの「なんでも、思い切ってやってみる！」という血気盛んな気持ちに、ひょっとしたらブレーキがかかっていたかもしれません。

母系こそが一族の証

父親だけでなく、母親の血統をたどっても面白い。角居厩舎でいえば、２００５年のオークスを勝ったのがシーザリオ（父はスペシャルウィーク）。10年にそのシーザリオとシンボリクリスエスの間に生まれたのがエピファネイア。13年にキングカメハメハとの間に生まれたのがリオンディーズ、16年にロードカナロアとの間に生まれたのがサートゥルナーリアで、それぞれGIを勝ってくれました。

スペシャルウィークはサンデー産駒ですから、シーザリオの相手にはサンデーが入っていない種牡馬をつけなければならなかったわけです。エピファネイアとリオンディーズの2頭は種牡馬になりましたが、彼らにとってサンデーは曽祖父（ひいおじいさん）にあたるので、血統的にはサンデーの孫に種付けすることも選択肢になりました。生まれてきた子は父系にも母系にもサンデーの血が入っていることになります。

エピファネイアは今年、史上初の無敗で牝馬三冠を獲ったデアリングタクトの父ということで、種牡馬として成功したと言えます。デアリングタクトの祖母がサンデー産駒です。

こういった配合は、調教師が関与するところではありませんが、競馬の面白さを実感できるところです。

「差す競馬を覚えた」馬は頭がいいのか

馬は人の気持ちを汲むりこうな動物です。しかしりこうの反対語の「馬鹿」には馬が入っていて、ホースマンとしてははなはだ面白くない（笑）。

コメントなどで「差す競馬を覚えた」というのは、人間の洒脱な語彙なのです。聞いてなるほどと思わせてしまう。馬はゴール板がどこかを認識していますが、そこできっちり差そうと計算して脚を使っているわけではない。

差すというのは、逃げ切りではなく、道中でタメを作って終《しま》いで切れる競馬です。大事なのはタメを作ることで、つまりは我慢を覚えることです。

換言すれば、「我慢できるようになった」。こうなると、馬が賢いといったニュアンスは薄まってくる。「我慢」よりも「覚える」と表現するのは、ホースマンが馬をりこうだと思いたいせいでしょう。

具体的には、それまで2000mを使って結果が芳しくなかった馬を1600mで走らせる。これは「馬に我慢を覚えさせたい！」という陣営のメッセージです。

タメを作るには、前に壁を作って後方で我慢しなければいけない。しかし芳しくなかった2000mで引き続きそれをやると、ほぼうまくいきません。

そこで距離を短縮する。我慢してタメを作り、馬群を抜いていく作業を繰り返すわけです。「タメ→切れ」の徹底。それが奏功すれば、「差す競馬を覚えた」となるわけですね。

本当に強いのは逃げ切れる馬。群れが肉食動物から猛追されたとき、先頭で逃げた馬は確実に生き残れる。いわば馬の本能です。競走馬の世界は強い馬ばかりではないから、本能にプラスして何か生き残れる術を会得しなくてはいけない。それがタメです。

ライオンにつかまりそうな馬群の後ろにいたのに、直線で切れてぱっと危機から抜け出す。それを覚えるのです。言い切ってしまっていいかどうか自信はありませんが、タメを作ることはライオンに襲われるリスクも含んでいるから、最後に切れることを信じて我慢する、という強いメンタルを得ることでしょうか。

前にも書きましたが、馬は身近な人間が喜ぶ様子を見て、その喜びには自分が関わったものだと認識しているようです。それは多分に感覚的なもので、「よし、オレは期待に応えて差す競馬を覚えたぞ」とは、たぶん思っていないのです。

話は少し逸れますが、「馬齢を重ねる」だの「馬耳東風」だのと、馬にまつわる言葉にはネガティブなものもある。それだけ人間と馬の付き合いが長かったから、人が人を罵倒する言葉が浴びせられることも多かったのでしょう。言葉が通じない馬への八つ当たりだったのかもしれませんね。

本能に逆らって人間に尽くしてきた歴史

馬は賢いのか？　そう問われれば、私はゆっくりと首を縦に振ります。

前項で触れた「差す競馬を覚えた」というのは、人間がそう思いたいだけで、実は「我慢できるようになった」と言い換えました。だからといって、馬に学習能力がないわけじゃない。頑張って人間の期待に応えようとする。おそらく、命懸けで学習してきた歴史があるに違いありません。

まず、すべての動物は臆病です。ファイト・オア・フライト（戦うか、逃げるか）の選択ならば、ほぼフライト。逃げられないときに限って仕方なく戦う。逃げるのは卑怯などと考えてしまうのは人間だけです。

当然、馬は危険なものから逃げる。特長である脚の速さを駆使して逃げる。その本能があるのに、さまざまな人間の戦《いくさ》の中で利用されてきました。元来臆病なのに、本能にあらがって鉄砲を構える敵に、敢然と向かっていった。大いなる矛盾なのです。

軍馬と競走馬は違う、と思われるかもしれません。しかし競走馬もレースで競走したいと思っているわけではない。どちらも本能から離れて、後天的に獲得した行動です。

そのカギは「人間が喜ぶから」。

はじめのうちは、おそらく従順ではなかったはずです。馬が勇気を奮って敵に向かうということはありえない。人間が前進を鼓舞し、頑張れば喜んで褒めてくれた。それを繰り返してきたに違いありません。

想像するしかありませんが、速く走れば鉄砲に撃たれないかもしれない、前に進むことによって危険が少なくなると学習させた。鼓舞して褒めて食べ物を与える。そういう作業を繰り返さないと、馬が戦に入っていくことはありえません。

「馬はゴール板がどこかを認識している」と前述しました。軍馬からのイメージを使うなら、ゴール板に地雷が埋まっていて、速くそこを通過すれば危険から逃れられる、という感じでしょうか。

さらに、「馬にはジョッキーが分かるのか」。きっと分かっています。顔や体臭で判別するのではなく、騎乗のリズムで分かる。ジョッキーによって重心が違うので、「この重心は誰々だ」と認識する。正確には、さすがに「このリズムは武豊さんだ」とは分からないものの、「以前に乗ってくれた人だ」と感じている。鞍上がたびたび変わる場合には、それを複数記憶していると思います。

おそらくですが、いい鞍上をよりよく覚えている。馬には馬の走りのリズムがあって、ジョッキーがそれを妨げないリズムで乗ってくれるとラクなのです。だから鞍上が跨がった瞬間に、「あ、この前、気持ちよく走れたときのジョッキーだ」と思うはず。逆に、「あれ？　この前とはちょっと違うぞ。俺の走りに合わせてほしいなぁ」などと感じることも。

最後はジョッキーの話になってしまいましたが、結局、馬のリズムを汲み取り、そこに合わせられるジョッキーが優秀なのです。馬も人間も賢くなければ、レースでは勝てません。

第4章

レース

「展開」という魔物（2017年ダービー）

この章ではレース個々の場面で調教師がどこに着目し、何を重視しているかについてお話しします。勝つために大事なことばかりだし、レース中にはさまざまなことが起こっているということを知ってほしいと思います。馬券検討にも役立つはずです。

藤沢和雄厩舎のレイデオロが勝った2017年のダービーは「展開」を痛感させられました。勝ち時計は2分26秒9。前の週に行なわれたオークスのソウルスターリングの2分24秒1より2・8秒、また同日ということなら8Rの1000万条件（現2勝クラス）青嵐賞の勝ち馬（2分23秒8）より3秒以上も遅い。前日同舞台同距離で行なわれた3歳1勝クラスも2分26秒3が勝ち時計です。

だからといって、レイデオロの能力が劣っているというわけではない。上がりの33・8秒はオークスや青嵐賞よりも速く、レースのレベルも決して低くない。翌年天皇賞（秋）を勝っているように、強いダービー馬です。

競馬は陸上競技のようにタイムを出すことが目的ではありません。最終的に走る距離は同じ。どこをどういうペースで走るか。各馬の思惑が、独特の「展開」を作り出します。

展開を左右するのは逃げ馬です。

このときのダービーでは、スタートして2枠3番のマイスタイル（横山典弘騎手）が、その名のとおり主導権を奪った。しかし2400mをグイグイと逃げるわけではなく、むしろペースを落として前々で競馬をしたい。他の馬も折り合いを重視しつつ、マイスタイルのペースに合わせる。そこで超スローペースの展開ができあがった。

1000m通過が1分3秒2！　すると向こう正面で後方5番手にいたレイデオロ（C・ルメール騎手）が突然スピードを上げました。すごい勢いで上がったから、他の鞍上は「これでペースが速くなるぞ。焦りは禁物だ」と思ったはず。「我慢できなくなったか」と、ほくそ笑んだ騎手もいたかもしれません。モニターを見ていた私も「掛かったから、仕方なく上がったのかな」と思ったぐらいです。

そういうわけで、他の馬は動かなかった。いや、動けなかった。

しかしレイデオロはマイスタイルを抜かずに2番手に付け、またピタリと折り合った。

普通あの勢いで上がっていくと、一気に先頭まで出て行ってしまうものです。デビューから乗っているルメール騎手には、再び折り合いを付けられる自信があったのでしょう。そして、藤沢和雄厩舎ではそういう調教をしていたのだと思います。

レース後、他の馬の調教師が「なんであのとき一緒に動かなかったんだ」と怒っていたそうです。タラレバの話は無意味ですが、あそこでルメールに追随する馬がいたら、また展開は変わっていたはずでしょう。

ルメールの判断には舌を巻きます。

マイスタイル（4着）の戦略はピタリ。もっとも短い距離を自分のペースで走り、粘り込みました。ルメールは逃げ馬の意図を見抜き、おそらく考える暇もなく動いたのでしょう。そこで2番手に付けたのは、想定内なのか、他の追随がないと見るや瞬時に決めたのか——凡人にはうかがい知れない天才の感性が存分に発揮されたレースでした。

「展開」という恩恵（2019年ダービー）

2019年のダービーで、角居厩舎は2度目のダービーを勝ちましたが、この勝利も展開の助けがありました。

ご存じのように、この年の1番人気は同じ角居厩舎のサートゥルナーリア。C・ルメール騎手が騎乗停止処分を受けて、テン乗りのD・レーン騎手に乗り替わっていましたが、皐月賞を勝っていたことで、単勝1・6倍と支持されました。そんなことで、レース中はおもにサートゥルナーリアを見ていました。

ロジャーバローズは内に刺さる癖があり、それを無理に直そうとするとハミを噛んで掛かってしまうようなところがありました。この時期はその癖を矯正させている頃で、「だいぶ落ち着きが出てきたけど、よくなるのは秋でしょう」というような、成長途上の馬。逃げ馬ということではなく、道中ハミを操作することができない馬だったのです。

ロジャーバローズはいいスタートでしたが、青葉賞で権利を獲ったリオンリオンが宣言していた通りに、気合いをつけて先頭を奪います。先頭に立ってからも追い続けて、ロジャーバローズとの間はたちまち広がりました。この馬もスタートよく出ているので、向こう正面では3番手までも同じぐらいの距離が空きました。

ロジャーバローズにとっては、ドンピシャの展開でした。

前の馬をことさらに意識することなく1頭だけで走ることでハミに遊びができ、自分の好きなハミ位置で走ることができたし、後ろからつつかれたり、他の馬に絡まれたりすることがないので、ハミを操作することなく走ることができたわけです。1000mが57・8秒という速いペースだったので、浜中俊騎手は「逃げているリオンリオンがこのまま走り切れるということはないだろう」と内心シメシメと思っていたといいます。

もっとも私がロジャーバローズの位置を確認したのはレースが終わってVTRを見てからで、リアルではスタートからサートゥルナーリアのほうを見ていました（笑）。「サートゥルナーリアは先頭から20馬身ぐらい」というアナウンスが聞こえましたが、3番手からはそれほど差がないので、とくに問題視はしていませんでした。

浜中騎手の目論見通り、ロジャーバローズは直線でリオンリオンをかわして先頭へ。サートゥルナーリアも馬場のいいところを通って追い込んできました。大声こそあげませんでしたが（サートゥルナーリアが）「行ける」と思いました。しかし、内ではロジャーバローズも粘っている。これも声には出しませんでしたが「ロジャーバローズでもいいぞ！」（笑）。

サートゥルナーリアは最後かわされて4着。距離が長かったか左回りが災いしたかは分かりません。

ロジャーバローズの単勝93・1倍というのは、角居厩舎が勝ったGIの中で、デルタブルースやサンビスタ以上の人気薄でした。長い間、何頭もの馬を預け続けていただいた猪熊広次オーナーの馬です。GI、それもダービーを勝てたことで、引退前に恩返しができたと思います。

ただし、ダービーをレコードで走った代償は大きかった。レース直後は分からなかったのですが、6日後に軽い乗り運動をしたときに、いつもと違う歩様だと感じ、エコー検査をしたところ、屈腱炎を発症していることが判明。そのまま引退、種牡馬となりました。

レースを作るのはいつも逃げ馬

先頭に立った馬、つまり逃げ馬のペースで競馬の流れが決まる。逃げ馬がレース序盤の主役です。

ハナを切るメリットは多い。マイペースで先頭を走れば、馬は気分がいいはずです。馬の本能、肉食動物の猛追から逃げるという欲求も満たされ、襲われる心配はありません。

そして内ラチに沿って最短距離を走ることができる。ダート戦では砂をかぶる心配もない。なにやら良いことずくめに思えます。

これで絶対的なスピードを持っていれば、他の馬はどうやっても敵わない。かつてのミホノブルボンやサイレンススズカがそういう馬でしたが、スタートからゴールまで主役を演じ切るのは容易ではありません。

逃げ馬が1頭いると、後続は折り合いがつきやすい。「今日は、このくらいのペースか」と他の鞍上は判断する。他力でペースが出来上がり、馬は余計な力を使わずに済みます。しかもレース中盤以降、逃げ馬は後続から目標にされる損な役回りです。おまけに同じような馬がいると、ハナを争って共倒れになってしまうことになる。

逃げ馬は調教で作るものではなく、自然とできてしまう。スタートが上手で、前に行ける能力がある馬が、ゲートを出た直後に抑えきれなくなる場合。ジョッキーはそのまま行かせてハナを切る。そのパターンのレースが続けば、逃げ馬のできあがりです。

なにやら気ままでわがままなスタイルですが、レースをこなす中で逃げ馬も進化します。我慢が利くようになる。ハナを切ってから後から追い上げがくるまでは、気ままに飛ばすことを我慢してペースを守って走る。やがて後続が迫ってくるとギアを変える。そのことを学習するわけです。

だから前走の内容が悪くても、「次はうまく逃げれば期待できる」といったコメントが陣営から出てくるのです。

角居厩舎からは、逃げ馬はめったに出ませんでした。ハナや最後尾は極端な競馬になりやすく、特にＧⅠレースでは勝ち切るのは難しい。そこを目指すような馬を多く預からせていただいているので、「なにがなんでもハナを切る」といった競馬にはなりません。

どんな展開にも耐えられるためには、スタートをうまく出て３、４番手につけること。前方にいることで前述のように馬は本能的な不安がなく、そして折り合いもつきやすいからです。

前項で触れた２０１７年のダービー後の最終レース目黒記念でも展開の妙がありました。メイショウカドマツが大逃げを打ち、向こう正面で10馬身ほど引き離す。角居厩舎のハッピーモーメント（13番人気、川田将雅騎手騎乗）は４番手につけて、差をつめることなくじっと動かない。メイショウカドマツが大逃げを打っているからこそ、楽に追走できた。手応えから直線で必ずかわせる自信があったのでしょう。会心の位置どりでした。

目論見通り直線でよく脚を使って先頭に躍り出ました。実は角居厩舎ではこの前の週まで13週連続勝利という記録を更新中。その土日は2着が2回あったものの、もうここでストップかなと思っていたところでした。最後の最後のレースでまさかの記録更新かと思うとアドレナリンが出まくって、ファンのように「かわだかわだ！」と連呼してしまいました（笑）。

しかし、東京の直線は長い。ゴール前でフェイムゲーム、ヴォルシェーブにとらえられて惜しくも3着。でも、いい競馬でした。

騎手の目論見に馬がよく応えてくれた。ダービーの「超スローペースの展開」の余韻が残っていただけに、感慨深い競馬となりました。

キセキは逃げ馬ではない

角居厩舎で逃げ馬というとキセキのことを思い浮かべるファンの方がいるかもしれません。

２０１７年の菊花賞を勝ってくれましたが、その後の香港遠征の疲れが尾を引いたのか、

4歳春は結果を出せませんでした。10月の毎日王冠では6番人気でしたが、1枠だったこともあって勝ち馬の2番手を追走、3着に粘りました。この頃からやや掛かり癖が出てきたようで、天皇賞（秋）ではハナを切る競馬をしました。

実はこの時期、私は酒気帯び運転のため調教停止期間でしたが、テレビで見ていて、なるほど、そういう手もあるなと思ったものです。この時もレイデオロの3着に粘りました。あとで聞いたのですが、川田将雅騎手と清山宏明調教助手（元騎手）とで相談したそうです。

そしてジャパンカップでも果敢にハナを切り、最後はアーモンドアイに差されたものの、キセキ自身も2分20秒9という、とんでもないタイムで走り抜いた。これにより、このペースで逃げれば他の馬なら追いつけないのでは、と思うようになります。

しかし前述のように、逃げ馬は目標にもされます。石川達絵オーナーからも逃げて結果が出てうれしい反面、目標にされるのではという懸念を指摘されました。その通り、逃げて最後リスグラシューにかわされた19年の宝塚記念では、明らかにマークされていたように思います。

今年の天皇賞（春）では武豊騎手に乗り替わりました。例によって私からは逃げてほしいとも控えてほしいともいいません。1周目の直線で、馬込みに入れないようにと注意していたところ大きく膨れ、そのまま先頭に出て掛かり癖が出てしまいました。遅いペースに業を煮やしてハナを取りにいったようにも見えましたが、そうではなかったのです。先頭で直線を迎えましたが、最後は失速し6着に敗れてしまいました。

次の宝塚記念も武豊騎手。この時も何も要望は出しませんでしたが、さすが武騎手です。逃げなくても、タメれば切れる脚があると感じとったのでしょう。後方でじっくり脚をタメ、3コーナーからギアを上げました。前走・天皇賞（春）の内容から6番人気の評価でしたが、2着に頑張ってくれました。

秋は初戦に京都大賞典を選びました。武豊騎手がフランス遠征のため、鞍上は浜中俊騎手が代打騎乗。私は特に指示は出しませんでしたが、次走の天皇賞（秋）では、また武豊騎手に戻ることが決まっていたので浜中騎手が相談し、控える競馬をすることになったようです。

スタートが悪かったため、「リズム重視」で最後方待機。途中行きたがるところもありましたが我慢してくれたことで、直線見事な切れ味を見せてくれました。勝ち馬にはわずかに及びませんでしたが、能力を再確認することができました。

中2週で迎えた天皇賞(秋)。今年はGⅠのたびに言われますが、これが「最後の天皇賞」。ハナ差2㎝でウオッカが勝ったのは、もう12年も前になります。

落ち着いてスタートを決め、折り合いもついていました。武豊騎手には何も言いませんでしたが、逃げたり極端に控えたりすることなく、この馬の力を信じ、正攻法の理想的な競馬をしてくれました。4コーナーでは「行ける!」と力が入りましたが、このレースで芝GⅠ最多の8勝目となったアーモンドアイの瞬発力にはかないませんでした。しかし、かわされてからも踏ん張って掲示板を確保。次につながるレースができたと思います。

直線でどこを通ったのか

レースを振り返ることは大事です。私はレース後、必ずジョッキーと一緒にVTRを見るようにしています。レース直後なので率直な話が聞けるし、勝てなかった時は馬主さんへの言い訳も考えられます(笑)。

ジョッキーはレース前に騎乗馬の癖や脚の使いどころなどを、前走までのVTRでチェックします。レース前日に入る調整ルームには、過去のＶＴＲがしっかり整理されているのです。

なので馬券を買う皆さんも、ここぞという時には、ぜひマークしている馬のＶＴＲを見ることをお奨めします。前半はどの位置につけているのか、コーナーはどういうふうに回るのか、どこで外に出すのか、直線でどこを通ったのかなど頭に入れておくと、次のレースがより深いところで見られるはずです。

ラストの直線勝負での、鮮やかな差し切りは競馬の醍醐味でもあります。その際、「大外強襲」とか「猛烈な勢いで外から飛んできた」とか、スポットライトの多くは外側の馬に当たる。たしかに「内強襲」とはいわないし、内側から複数の差し馬が前を行く馬に襲いかかるという印象も少ない。アナウンスでも「ドドドっと内側から馬群が迫る」なんて聞いたことがない。「内側で粘った」とか、１頭だけ「内からスルスルとよく伸びた」くらいでしょうか。やはり外側のほうに豪快なイメージが強いようです。

内側の馬場は荒れ気味で、外のほうが伸びるとよくいわれます。しかし昔とは違って馬場のメンテナンスがいいので、良馬場ならば内と外の差はそれほど大きくはないはずです。

外に出すメリットはなんでしょう。ジョッキーが追いやすい。内側の馬込みにいると、前の馬のムチが目の前に飛んできて怯むこともある。それを嫌う馬ならば、外に出したいところです。馬込みからビュッと飛び出せるタイプの馬ならば、なおさら外がいい。

ただし早めの決断が要ります。内が混んでるから外に、などと悠長に構える暇はない。M・デムーロ騎手などは、なにがなんでも外に出すように見えるときがある。それが奏功しそうに思えるのは、外側からの豪快な差し切りの印象が強いからでしょうか。キセキが勝った菊花賞では、自然な流れで外につけ、稀に見る泥濘《でいねい》戦を制してくれました。「自信があった」というレース後のコメントも、外から差し切るパターンにはまった彼なりの手応えなのでしょう。

もちろん外側のデメリットもある。目安となるラチがないから真っ直ぐ走れず、ぶれていく心配です。斜行して後ろの馬の進路を阻んでしまう。東京競馬場のように直線が長くて上り坂がある場合は、よれて進路妨害となる懸念は決して小さくありません。

内ラチから離れたがらない馬もいる。調教のクセです。ラチ沿いで調教を続けると、そうなってくる。栗東では内ラチ沿いは遅い調教で外ラチが速い調教。昔、坂路がないときに、内ラチ沿いで滑らかに走れる馬が、外ラチに出すと、追い切りモードにはいって引っかかることがあった。右回りの調教だと、右ラチ好きになる傾向がありました。

内側のメリットは、なんといっても最短距離を走れること。そしてラチのおかげで走りがよれない。外を行く馬と比べると、どこか堅実なイメージがありますね。結論としては、内外それほど差はない。外は外なりにリスクがあるということです。そしてそれは調教師が指示することではなく、ジョッキーがレースの流れの中で判断することです。

これはあくまで余談です……前のほうで内を走っているのに、外に出して届かずに負けてしまうと、ジョッキーは後で馬主さんから「なんで、あそこで外に出したんだ」と詰問されることがある。同じ状況で、内で我慢して負けたとしても、脚がなくなったということで、それほど咎められはしない。それで、自信がないときは直線で外に出さず、内にいて追い続ける……?

外か内か。ジョッキーの感性を信じるのみです。

競馬は格闘技でもある

ラストの直線。外に出すか内ラチ沿いに切れ込むか。内側はどうしてもゴチャつきやすく、スムーズに走りにくい面はあります。しかし狭いところが好きな馬もいる。馬体がぶつかっても怯まず、気合いが入るタイプです。

ぶつかることは、日本の競馬ではあまりよしとはしないものの、ヨーロッパでは普通にぶつける。寄せていけば相手も張り合ってくる。陸上の短距離のように走行レーンが決まっているわけではないので、ぶつかって当然。競馬には格闘技の側面もあるということです。「狭いところをこじ開ける」と、よく聞きますね。頭だけ入って、横に揺すって広げていく。ヨーロッパのジョッキーはそれをやります。

日本でもペナルティを科せられない範囲ならばありではないでしょうか。闇雲ではなく、隣の状況が見えていて、乗り手に自信があることが条件。大事なのは隣の馬の後方の様子。ぶつけたことで隣の後ろが不利を被るといけません。

ぶつかるといえば、角居厩舎ではやはりデルタブルースでしょう。

厩舎に初のGI勝利をもたらした2004年の菊花賞では、4コーナーを回って先頭を行くコスモバルク（4着、五十嵐冬樹騎手）に外からぶつかった。あれでデルタに気合いが入った。鞍上（岩田康誠騎手）の気性も無関係ではなく、まあ喧嘩です（笑）。

06年のメルボルンカップでは、最後の直線、デルタブルースとポップロック（D・オリヴァー騎乗）はぶつけ合いながら上がっていった。先を行くデルタがぶつけられたのですが、デルタのほうが性格的に激しく、火がついた感じでゴール板を駆け抜けました。

ぶつけて（ぶつけられて）気合いが入る馬とその鞍上。そういった特徴を他のジョッキーは当然知っている。あるレースで、力関係を見れば自分の馬は4番手だと分かったとします。上位にぶつかって怯まない馬がいるのかどうか。その馬とぶつかったときにどう対処するのか。自分の乗る馬の特徴を考慮し、レース前にシミュレーションができるわけです。

枠順が決まり、相手の馬や騎手の癖をビデオでチェックする。何鞍も乗る場合は時間が足りず、エージェントが下調べを手伝うこともあるようです。この馬は直線で垂れてくるとか、この騎手は必ず右側から馬をかわしていくとか。それを頭に入れた上でレースに臨み、視野を広くして、直線ではどこが空くのか、瞬時に判断する。

ぶつけられることで嫌気が差して競走をやめてしまう馬がいることも確かなら、ぶつかることがイヤではない馬がいるのは確かです。ムチと同様、ぶつかることで火がついてさらに脚を出す。メルボルンカップの映像を見返すと、最後の直線のぶつかり合いはムチを振るう以上に効果があったようにも思えてきます。

上手に「手前」を替えているか

競馬中継の解説やレース後の騎手のコメントなどで、「手前を替えた」という言葉を聞くことがあるでしょう。高速で走る中での動作なので、観ている方には分かりにくい変化ですね。しかしレースに勝つためにも、とても重要なポイントです。

馬は、たとえばウサギなどとは違って左右の脚の動きをずらして走る。左右の動きが対称型ではなく、左右どちらかの脚を前に出した体勢で走ります。このとき前に出ている脚を手前脚といい、右が前ならば右手前、左が前ならば左手前です。

馬にも右利きと左利きがあって、利き脚を手前にしたほうがよりスピードを発揮する。だからレースの勝負どころになるラストの直線ではどの馬も利き脚を手前にして頑張ります。ＶＴＲで確認してみるとよく分かりますよ。

ところがコースは直線だけではなく、コーナーがあります。たとえば東京競馬場や新潟競馬場のような左回りコースの場合、コーナーを回るときには左手前でなければならない。手前が逆だと、外側にブレーキをかけるような形で走ってしまう。右利きの馬でも器用な馬は上手に切り替えることができます。

アメリカの競馬場はすべて左回りなので、調教の段階で手前の替え方を教えますが、ヨーロッパや日本ではうるさく言って教える調教師はいません。

馬の「利き脚」を考えることは、いわば日本競馬の予想時の妙味になるわけです。たとえば直線の手前脚と４コーナーの手前脚を見れば、得意コースが分かります。

馬は鞍上の手綱さばきや重心移行によって手前を替える。高速で走る最中での手前変換は鞍上も馬も恐怖を感じます。レースでの骨折事故の多くは、この手前変換時に起こるのです。なので、あまり手前は替えたくないのですが、ずっと同じ手前で走ると疲弊してスピードが落ちていくので、この辺の塩梅が難しいところです。

重馬場では手前変換したときに滑ったり、でこぼこに脚を取られたりする違和感がある

直線に入ったときに得意の右手前に替えてスピードを上げていくことができればいい。加速していくところでは、できるだけ手前を替えたくないので、そのタイミングが大事なのですね。

これが左利きの馬だと、コーナーを左手前で回り、直線に入って右手前に替えてから、坂を越えたあたりでまた左手前に戻すということで、器用さが必要になります。ただ、東京の直線は長いので、たとえば坂を越えてから加速しても、キレがあれば十分届きます。

左利きの馬は右回りコースを苦にすることが多いかもしれません。右回りコースの競馬場といえば、阪神外回り以外は直線が比較的短く、巧くコーナーを回らないと直線勝負に持ち込むのが難しい。これが福島や小倉などの小回りコースならばなおさらです。左回りが得意で、さらに大跳びの馬にとってはつらいですよね。勝負どころの最終コーナーを右手前で回り、直線に入ったところで左手前に替えても、直線が短いのでトップスピードになる前に、器用に手前を替えて先に行った馬に逃げ切られてしまうことが多い。

しかしこういう競馬場があるから生き残ることができる馬がいることも事実。レースとしては地味かもしれませんが、「福島巧者」「小倉巧者」の大駆けは、穴党にとって魅力ですね。これは利き脚の影響もあるのではないでしょうか。

「サウスポー」というのは左利きの馬のことなのか、あるいは左回りを得意とする馬のことかという定義がはっきりしていないように思います。大事なのは直線の勝負どころで、得意な手前になること。コーナーではスピードを落とすので、右利きの馬が左回りコースを走ったとき、コーナーはスピードを落とし、勝負どころで得意な右手前になればいいわけです。

得意なのは左か右か。ひょっとすると右回りを苦にしないサウスポーなのか。それを考えると競馬はさらに面白くなりそうです。管理する側からいえば、手前を上手に替える器用さを体得してほしいところです。

コーナーをうまく回っているか

競走馬にとって大切なことは真っ直ぐに速く走ることです。その能力さえ磨けば競馬では勝ち負けに持っていける。そういう意味でもコーナリングは大事です。なかでも4コーナー、いかに巧く直線に向かうかが肝要です。

鉄則は「小さく回る」。コーナーでは遠心力によって外に振られます。自然に任せれば大きく外に膨らんで馬の重心がぶれ、減速します。直線に向いたときにスピードを立て直しづらい。案外多いのが、直線でインに入ろうとして3コーナーから大きく回ってインに切れ込むパターン。これは遠心力によるロスが大きくて得策とはいえません。

どう曲がってもスピードは落ちるわけですが、その後に手前を替えることもあるので、小さく回ったほうが直線での加速がスムーズです。

東京や新潟など、直線が広い競馬場では、小さく回って大きく出てもいい。大事なのはいったん殺したスピードをいかになめらかに立て直すか。たとえてみれば、車で交差点を左折するとき、曲がった先の道路が2車線ならば外に出すほうが遠心力に逆らわずに楽ですよね。左側の車線に入ろうとすると、遠心力に逆らう分減速を強いられ、その後アクセルを深く踏み込まなくてはいけなくなってしまう。

4角前から、ずんずん加速する馬がいますね。あれは巧みにスピードを殺してコーナーを小さく回り、直線に出た瞬間になめらかに加速している。特に巧いのはC・ルメール、M・デムーロでしょうか。他の馬が「減速↓加速」でモタついている場合、加速のいい馬はとりわけ目に鮮やかです。

外を回せば、コーナーの途中から押すことができます。内側に入れると、馬をさばかなくてはいけない。こうなると手綱で操作するのは無理で、重心の移動や鐙《あぶみ》の踏み方で調節しなければなりません。ほとんどが集団競馬になるヨーロッパのジョッキーは、これが巧みです。日本人ジョッキーが体得してほしいところです。

馬の気持ちになってみましょう。たとえば左回りの最終コーナーで、馬は少し左に体を傾けて走りたい。なるべくスピードを殺さないように重心を保とうとする。その重心に合わせてジョッキーも左に体を傾けてほしいのです。そうしないと、馬は鞍上の体重込みでさらに体を左に倒すことになってしまう。無理に傾けた分、スピードをさらに殺すことになる。

巧いジョッキーは遠心力とケンカせず、むしろ直線での加速に利用する。鞍上に遠心力を操作する意識がないと、その分を馬がカバーしようとしてスピードを落とすことになってしまう。馬がバランスをとって勝手に走る。人馬一体とはいえない。巧みに馬を動かすジョッキーとは歴然とした差があります。

小さく回って大きく外に出ると、確かに内側の馬には置いていかれることがある。しかしスピードに乗っている時間が他の馬よりも長いから、最終的に届くことがあるわけです。馬は加速し始めると、地面を蹴ったエネルギーが同じでも、慣性の法則でどんどんスピードが上がります。その加速度合いを把握できているかどうかが、ジョッキーの経験則です。これは調教で乗っているだけでは分かりません。競馬場によって全然違うこともあるからです。

騎手の腕も大事ですが、馬の器用さも大切。状況によって完歩を縮められる器用さです。縦に長い馬体、いわゆる胴長はコーナーを器用にさばきづらい傾向があるようです。ストライドが大きく、ピッチを使いづらくコーナーが苦手。たとえばキセキはそういった器用さに欠けるところがある。たしかに経験上、大物は案外不器用な部分があるようです。苦手部分がはっきりしているから、それさえ克服すれば、という感じでしょうか。

重馬場は馬も変える

馬は重馬場で「走りにくくてイヤだなぁ」と感じると、次に同じような状況で走るときに影響が出ることがあります。

雨が降って芝が濡れると、どうしても着地のときに滑る。これを馬は怖がります。足元の不安です。人間も同じで、冬に路面が凍ったときなどはへっぴり腰で歩きますね。

ところが、野生の馬はいくら雨が降っても滑らずに走る。滑るのは人間を乗せた時だけ。人間を乗せたことによって（「落とさないように」と意識しているかどうかは分かりませんが）、フォームが規制される場合があり、足が伸びきってから着地するので滑る。その感覚は馬にとってトラウマになり、ブレーキをかけてしまうことがあります。

結局は人間が原因です。「放馬」は時として良い方向に転ぶことがありますが、それは人間を振り落とした結果、伸び伸びと走れるからです。

馬場によるトラウマは、日本特有のものかもしれません。ヨーロッパの競馬は重馬場が当たり前。馬はレースも調教も重たい芝を走ります。調教ではさらに馬場に水を撒く。そうやって馬の足元もたくましくなり、フォームも重厚になるのです。

ところが日本の競馬の主戦場は軽い芝です。軽快に切れる走りを覚えさせなければ勝てません。一方、日本は雨も多いので、大いなるジレンマです。

重馬場の時は特に返し馬に注目してみるといいと思います。好天の良馬場ならば、ゆったりと伸び伸び走る馬がいい。それは当たり前ですが、悪天候の重馬場では大きく跳んだときに着地した先が滑って、本来のフォームを崩すかもしれない。だから重馬場の返し馬はちょこちょことしたピッチ走法がいいのです。

だけど馬は本来、ちょこちょこ走るのが好きではない。そこを鞍上がうまく誘導してやる。重馬場ほど返し馬が重要です。ここに注目すると面白いかもしれません。

ピッチ走法で一所懸命に足を回転させているのに、それほど進んでいない馬がいます。手足だけが動き、どうにも走りの効率が悪い。たぶん重馬場が苦手なのです。ちょこちょこ動きながらも馬体の中心がすっと前進する馬がいい。馬は重馬場を嫌がることはありませんが、うまく対処できないということです。

2017年の目黒記念で3着に入ったハッピーモーメントの新馬戦は12年11月京都1800m芝の重馬場でした。そこで勝ち、その後はほとんど良馬場を走って、20戦目の稲荷特別（16年1月、京都芝2000m）の重馬場で勝利。この間にも2勝をあげていて、フォームが萎縮することもなく足元が滑るトラウマの心配はなさそうでした。

新馬戦の鞍上はR・ムーア、稲荷特別ではC・ルメール。騎手が決まるときにレースの馬場状態が分かるはずもありませんが、重馬場でも馬を巧みに走らせる外国人騎手とのご縁があったのかもしれません。

第5章

日本競馬というシステム

馬に〝年の功〟はあるのか

馬は新年があけると、一斉に齢をひとつ重ねる。これまで「3歳馬」と呼ばれていたのが、4歳になるとあまり年齢でいわれなくなる。いっぽう7歳、8歳となると、馬券を買うほうは少し躊躇してしまうことがあるかもしれません。

日本の競走馬の年齢はかつて数え年によっていました。生まれたときにはすでに1歳。その後1月1日を迎えるたびに歳をとる。日本人の年齢に対する感覚で、高齢の方は「数えで○歳」などと言ったりしますね。

しかし2001年からは馬齢の国際表記に従い、「生まれた年を0歳（当歳）、新たに1月1日を迎えるごとに1歳加齢する」となった。つまり加齢日は一律に1月1日、馬齢イコール満年齢ではないわけです。

新年を迎えると同時に歳を重ねるというのはいいですね。寒くて心身が引き締まる季節、一緒に頑張っていこうというフレッシュ感に溢れています。

人間の成長とは異なり、馬は忙しい。

2、3歳馬はまだまだ精神的に子供です。ですが馬が成長するまでレースは待ってくれない。早ければ2歳でレースに出ますし、気持ちも体も未完成のままでクラシックレースに向かう。

馬の身になってみれば、相当に不自由でしょう。人間を乗せずに伸び伸び走れるのはデビュー前のわずかな期間だけです。そんな馬の屈託を、人間は感じてやらなければいけない。

落ち着きがなかったり、指示に従わなかったりと、幼さからくる馬の行動について、人間の側が我慢するしかない。パドックなどでも、3歳馬は無駄な動きが多い。これが5歳になると、走る能力は別としてぐっと落ち着きが出てきます。その辺を感じることができる人は、かなりのパドック通です。

その古馬の落ち着きを、年下の馬はちゃんと感じているようです。

2、3歳馬を古馬のオープン馬と一緒に調教すると、急に落ち着きが出てくることがある。性格的な成熟が早くなるような気がします。「先輩はやっぱりすごいな。同世代と遊んでる場合じゃないぞ」などと思うのかもしれません。馬には仲間意識があります。同厩舎の、いわゆるステーブルメートです。気性が荒い馬でも、仲間内で蹴りあったりはしない。双方が意識しているかどうかは別として、先輩は後輩を導き、後輩は先輩を仰ぎ見ているのでしょう。

しかし不思議なもので、年下は「いつか逆転してやれ」という競争意識も持っている。生存の本能でしょう。動物行動学的に見ると、馬は常に上下関係を気にしていて、いつかは立場を引っくり返そうとする。極端にいえば、牡馬ならば種馬として生き残るために殺し合いに近いことも起こる。まずは同世代の争い、強くなれば上を追い抜こうとする。やがては下からの脅威に怯える。彼我の優劣を気にするのは、人間の世界でも同じですね。

そんな馬の心理を、人間がうまく汲み取ってやる。

牝馬は夏を経て強くなるので、どのくらい成長したか古馬と走らせてみたい。しかしそこでガツンと跳ね返されると良くないわけです。「ああ、先輩にはかなわない」と感じてしまう。年齢差を意識するのは2～5歳の間で、それ以上の古馬になると気にならなくなるようです。5歳馬は「若い娘には負けられないわよ」と思う。

そうやって双方が精神的に成長していくんですね。頼るところは頼る。そう思えることが精神的な成長です。素直さは美徳なのですね。

牝馬はどのタイミングで引退させるか

結果を出している牝馬ほど、早く繁殖に上げたほうがいい。そんな理屈があるものの、馬はまだまだ走れそう。外厩制度の充実などで昔ほど馬が疲弊しない今は、6歳、7歳ならば走り盛りとも思えます。

前提として、6歳まで現役で走ったような馬は、それなりに実績も残しているでしょうから、繁殖牝馬になれるケースが多い。

引退か、現役続行か。このジレンマを、様々な視点から考えてみます。

馬主さんにすれば、早くその馬の子供が欲しいということもある。まだ若いうちに子供を産ませたい。そんな親心もあるかもしれません。

一方、深く競馬を楽しみたいファンは、「もう引退?」と首を傾げるでしょう。将来の子供が母親同様に走るのかと思いながらも、もっと走りを見てみたいという思いもあるでしょう。

馬を育成する牧場の立場ははっきりしています。激しい競馬で馬はどうしても傷むので、疲弊していないうちに繁殖に上げてくれたほうがうれしい。

では調教師はどうでしょうか。

まだまだ走れる馬ならば手元に置いておきたいものでしょう。私に限って言えば、牝馬なら早く嫁さんに行ったほうがいいと思う。元気なうちに繁殖に返したい。成績を残してのお里帰りなので、ちゃんと牧場でかわいがってもらえます。ファンには申し訳ないところもありますが、馬主さんと相談して早く引退させることも珍しくない。

問題は成績が上げ止まってしまっている馬。現役続行ならば、そこからの競馬でどれだけ賞金を稼ぐことができるのか。あるいは、繁殖に上げて元気な子供を産んだら、いくらで売れるのか。当然、シビアな計算が働きます。

やはり思い出すのはサンビスタ。2014年、5歳の秋にJBCレディスクラシックを勝ってGI馬となり、一流どころの牡馬と走った12月のGIチャンピオンズカップでも4着になった。

サンビスタは一口馬主クラブの牝馬なので6歳春で引退することが規定となっています。

たしかに3歳、4歳時は休み休みでしか使えず、馬はまだまだ若いと思っていましたが、タイトルも獲ったので、私も引退でいいだろうと思っていました。しかし、牧場サイドから「もう1年やってみてはどうか」と言われたのです。

翌15年、6歳でさらに成長、重賞ばかり9戦、牝馬限定戦を3勝、暮れのGIチャンピオンズCでは12番人気の低評価を覆して勝ったのです。ホッコータルマエ、コパノリッキー、サウンドトゥルーなどダートの猛者を相手に見事なレースでした。そんなことで、暮れの東京大賞典も使おうかという話もありましたが、引退してお母さんになりました。17年に生まれたルーラーシップ産駒のサンジョアンが、今年角居厩舎からデビューしました。その後もモーリス、ロードカナロアの子を産んでいます。

デニムアンドルビーは3歳時にオークスで3着、ローズステークスに勝ってジャパンCではジェンティルドンナの2着に健闘しました。古馬になってからもマイルから天皇賞（春）までGI戦線で活躍、ドバイにも行きました。5歳春に宝塚記念で2着になった後、屈腱炎で1年半ほど休みましたが、17年暮れのチャレンジCで2着。18年も中山金杯、金鯱賞に出走、8歳までよく頑張ってくれました。19年にはクロフネ、20年にはモーリスの子を産みました。デビューする頃、私はすでに競馬界にはいませんが、レースに出るようになったら応援したくなりそうです。

「3勝クラス」になると一気にレベルアップ

2019年から、それまでの「500万下」「1000万下」という収得賞金による競走条件の区別が、「1勝クラス」「2勝クラス」というように簡略化されました。それまでは、4歳春の時点で収得賞金の取り扱いが2分の1となり、再度一つ下のクラスで走ることができた。クラスごとの頭数のバランスを調整するための措置でしたが、時代に合わなくなったことなどから、廃止されました。それまで使われていた「降級馬」という呼び名もなくなりました。

新馬戦・未勝利戦から始まり、勝つ度に1勝クラス、2勝クラス、3勝クラスと上がり、3勝クラスのレースを勝てばオープン馬となります。もちろんクラスが上がるにつれて、頭数は少なくなります。クラス分けする理由をざっくり言えば、同じクラスで競走しないと、レベルが違いすぎて競馬にならないということです。

最初に走る新馬戦・未勝利戦は、将来GIを勝つかもしれない馬と、一つも勝てない、掲示板にすら載ることができないで引退するかもしれない馬が一緒に走るレースです。だからある程度能力の高い馬は、あっさり勝つことができるでしょう。

そんな馬なら、昇級した1勝クラスのレースでも、相手関係や展開に恵まれて勝ち上がってきた馬相手なら、なんとかなるかもしれません。

こうして2勝クラスまで行けば、賞金の高い特別レースも多く組まれています。このクラスで勝ち負けになるようなら、競走馬としては〝勝ち組〟といってもいい。

ところが首尾よく2勝クラスのレースを勝っても、3勝クラスになると、そう簡単にはいかない。

3勝クラスになるとぐっとレースのレベルが上がるのです。2勝クラスのレースを勝ち抜いてきた精鋭だけに確固とした能力がある。自分の得意なパターンに持ち込めばさらに強さを発揮するし、いろいろな馬にもまれてキャリアを積んできているので、さまざまなレースに対応できるのです。

よく「流れが速くなる」と言われますが、むしろ流れが緩くなることもある。全体の走破タイムは変わらなくても、レース中に緩急が変わる。そこに対応できるかできないか。能力はもちろん、駆け引きができて操作性も高い馬が揃っているところで、どうやって勝てる競馬をするか。

一本調子の競馬では勝てません。逆にこの段階でもう一つステップアップして成長を遂げ、このクラスで勝ち負けになる競馬ができれば、オープンクラスに対しては展開ひとつで通用します。ただし上には上、オープンクラスと重賞クラスでは、さらにレベルが違います。

つまり、クラスによって競馬が違う。ファンの馬券検討も、クラスが上がれば変化するはず。一本調子ではない複雑さ、面白さです。それは競馬の面白さでもあります。

4歳Ⅰ勝馬への期待は「厩舎コメント」に表れる

ダービーの翌週から、3歳馬と4歳以上の古馬が同じレースで走るようになります。レース検討をするファンにしてみれば、その力関係が予想の重要なファクターでしょう。

降級制度があった2018年までは、6、7月の下級条件で強かったのが上のクラスから降りてきた4歳馬でした。

ところが19年に降級制度が廃止になると、4歳馬は一気に苦境に立たされます。18年までは6、7月の500万下（1勝クラス）、1000万下（2勝クラス）では、とにかく4歳馬が強かったのですが、19年には一気に勝利数が落ち込みました。1勝クラスのレースでなかなか2勝目をあげられなかった4歳馬が、今度は勝ち上がって勢いのある、しかも負担重量の軽い3歳馬と一緒に走らなければならないからです。

そんなことで、5月までに2勝できなかった4歳馬は、「夏競馬を使えばいいか」という感じになってきました。有り体にいえば、陣営は4歳馬の2勝目より、未勝利の3歳をとにかく勝たせておきたいという方向に意識が向いたのです。

だから、なんとしても4歳の春までに2勝したい。そうなれば、今後を見すえてプランが立てられます。2勝か1勝か。ここが4歳馬にとっての分水嶺です。2勝クラスにいれば、準オープンから降級してくる馬もいないので、同じレベルで戦える。この時点で2勝している3歳馬は強力ですが、秋に備えて休養する馬も多く、絶対数は限られています。

さらに頑張って4歳春までに3勝目をあげていれば、頭数もより落ち着くし、路線もはっきりします。何より3勝した馬は、いわゆる本格化したといっていいわけで、走りも安定してきます。

さて、ファンの方々にとって、4歳馬の二極化は目に見えるものなのでしょうか。2勝しているかどうかは分かりやすい。それ以外に、1勝馬がどういう使われ方をしているのか。そこに陣営の意気込みが反映されます。

制度によって半ば膠着化していたローテーションなどが、厩舎の自由な発想によって十厩十色となるはずです。同じクラスにいても「2勝目が見えている馬」なのか「1勝しかできない（と見られている）馬」なのか、二極化されてきました。そこを見極めるのも妙味ではないでしょうか。

1勝馬でも4歳夏になってやっと力を発揮できるようになってきた期待馬もいます。そういう馬に対する思いは、厩舎コメントにも表れてくる。「やっと強い追い切りができるようになった」「このクラスにいる馬ではない」といった自信がうかがえるコメントになると思います。一方「1勝しかできなかった馬」に対しては「展開がはまってくれれば」「スンナリ行けるようなら」といった例の「タラレバ」コメントが多くなりそうです。

1勝していても、下位に甘んじることが続くと、リーディング上位の厩舎などでは、ずっと厩舎に置いておくことが難しくなる。馬主さんの意向にもよりますが、開業間もない厩舎や地方競馬などへの移籍の可能性も大きくなるでしょう。あるいは、引退をささやかれるタイミングが、これまでよりも早くなるかもしれません。

二極化という表現は格差社会のようで聞こえが悪いですが、競走馬の世界ではまっとうなことです。強い馬たちが集うレースでは実力のばらつきが少なく、ファンにとってもスリリングで面白い。野球でも競馬でも、ファンはハイレベルなパフォーマンスを望んでいます。

年が明けてからの新馬戦は出走するまでが大変

現在新馬戦は2回中山、1回阪神が行なわれる3月まで組まれています。体質が弱かったり、時計が詰まって来なかったりで、2歳のうちにデビューできなかった3歳馬も、残された時間は長くありません。年が明けてやっと態勢が整ってきても、いきなり目標としたレースに出走できるとは限りません。新馬戦が組まれているのはせいぜい1日に2レースしかなく、かなりの倍率をくぐらなくては出走に漕ぎ着けられないのです。

新馬戦は一度除外された馬のほうが、より高い確率で出走できますが、そのためには、一度は出馬投票をしなければならない。しかし、抽選で出走できることもあるため、「どうせ除外されるから」と、仕上げないままで投票することはできません。まず、この辺が調整の難しいところです。デビュー予定が1週延びたことによって、さらに調整できた場合もあれば、ギリギリの状態まで仕上げたのに除外され、再調整を余儀なくされる場合もある。

デビューしたものの、初めてのレースでは、力を出し切れないケースもあります。5着以内に入れば、次走未勝利戦への優先出走権がありますが、未勝利馬の頭数が多く、6着以下だと1か月以上出られないことも多い。問題点が見つかれば時間をかけて再調整もしたいところです。

さらに2019年からレースに条件が付加されました。3歳以上の未出走馬と未勝利馬が出走した際（新馬戦を除く）、3走連続で9着以下だった場合は2か月間の出走停止。これは「より能力の拮抗した馬による競走」のためで、デビューしたはいいけれども、3回走って一度も8着以内に来られない馬には、かなり厳しい条件です。

さらに9月の中山・阪神開催に組まれていた限定未勝利戦（いわゆるスーパー未勝利）がなくなった。つまり3歳未勝利馬は、夏競馬までに勝ち上がらないといけないわけです。

陣営としては、「この馬、8月までに勝たせられるかな」ということになる。目処の立たない馬には見切りをつけざるを得ず、2歳馬などと入れ替える。馬の回転がどんどん早くなっていきますね。

もちろん、制度の変更は悪いことばかりではありません。

身も蓋もない言い方になりますが、強ければいい。強い馬ならば忙しさから解き放たれてじっくりと力をつけられる。1つ勝ちさえすれば、6月になって古馬と走るようになったとき、降級してくる馬がいないので、かなり勝ちやすくなるはずです。手厳しい情況の中でも、強い3歳馬は必ず抜けてくる。この傾向がさらに広がるのではないでしょうか。

そういった〝抜けてくる〟強い馬の育成も少し変わってきました。

秋に菊花賞を使いたいと思えるような馬ならば、かつては夏くらいから長い距離を走らせました。そのとき、2勝クラスでは、3勝クラスから降級してきた馬がいて、かなりレベルの高いレースを強いられた。

そこで勝ち抜けば相当の見込みがあるものの、長距離馬は夏を越えたあたりで一気に完成することも多いのです。だから早めに仕上げようと鼻息を荒くしてきたわけですが、2勝クラスでも相手関係がぐっとラクになった。ぽんぽんとレースを使わずに、格上挑戦などピンポイントで走らせたほうが良くなる可能性も大きくなります。

さらに、3歳馬の使い方にも関連することですが、「リステッド格付け」が導入されました。降級制度の廃止によってオープン馬が増加する試算を受けての改革です。重賞とオープン競走の間に、もうひとつのランクを入れ込んだ。増加するオープン馬の出走を円滑化し、実力拮抗の白熱したレースを行なう目論見でしょう。リステッド競走の勝者は、セリ名簿などでもブラックタイプで記されるようになっています。

3歳戦ではクラシックに直結する芝の中距離のほとんどがリステッド競走となります。3歳リステッド競走1着馬の収得賞金算入額は1200万円となるため、GⅠ出走馬を決定する段階で重要になってきます。

まさに優勝劣敗。ファンの視点で「強い馬なのか、それほどでもないのか」という見極めが、制度改革によって分かりやすくなった。それは間違いなさそうです。

JRAから見れば厄介者

さて、ここからは中央競馬を主催するJRAという組織について考えてみましょう。私は反乱分子のような、厄介な存在だったかもしれません。何度か物議をかもしたことがあります。

厩舎を開業して5年ぐらいたち、海外へ遠征することも出てくると、厩務員や調教助手ではないスタッフの必要性を痛感しました。海外遠征へ帯同してくれるレーシングマネージメントをやってくれる人がいないかと、スポーツ新聞に募集広告を出したのですが、JRAからどういうことかと事情を聞かれました。厩舎スタッフである厩務員や調教助手はJRAの試験を受けなければならない、試験を受けていない人を雇うのはいかがなものか、調教師会や労働組合の問題もある、というわけです。

国内で馬に触ったり、ましてや調教をつけたりすることはない、将来的には、どこの厩舎でも必要になると説明しました。もちろん、給料は厩舎から払います。

海外の牧場で働いた経験があり、英語も堪能なスタッフがいることで、厩務員や調教助手はストレスなく、自分の仕事に専念できます。その後、仕事の幅は事務的作業や情報収集などにも広がり、今では多くの厩舎が、馬の世話とは別のスタッフを置くようになっています。

2013年には、JRAが前の年に打ち出した預託頭数の制限措置に対して、反旗を翻しました。かつては一つの厩舎が管理する馬房の数はどこも同じでしたが、04年から成績や経営状況によって、わずかながら差を付けるようになったのです。優勝劣敗であるべきだという声に応えての措置が与えられたことでモチベーションが上がり、この頃角居厩舎は28馬房が与えられていました。

管理できる馬の数も馬房数によって変わります。20馬房までは×3、それを超える分については×2ということで、76頭を管理していました。ところがこの頃から、定年前に退職する調教師が増えるなど、いわゆる厩舎格差が広がったため、JRAは管理できる馬の数を一律に×2・5にしたのです。

そうすると角居厩舎で預かることができる馬は、28×2・5で70頭となり、これまでより6頭も少なくなってしまう。成績をあげることで馬房数が増え、それにともなって管理頭数が増えていくというルールのもとで、ひとつでも多くの勝利をと頑張ってきたのに、その努力を否定するような措置は納得がいきませんでした。

この措置に従うために、高齢馬を早めに引退させるというのも筋が違うと感じました。当時私は調教師会の役員をしていましたが、この件について事前の相談はなく、決定事項として伝えられました。そういうやり方にもカチンと来たし、他の調教師も反発していたので、馬主さんにも了解を得た上で、14年は2歳馬を預からない、と発表しました。

結局、つきあいの長い馬主さんの馬は預からせてもらいましたが、ネット上では、賛否両論飛び交ったようです。

さらに18年7月には酒気帯び運転で衝突事故を起こし、現行犯で逮捕されてしまい、6か月の調教停止という処分を科せられました。これについては、まったく弁解の余地はありませんが、とにかく厄介者だったのは確かだったようです。

国際舞台で戦うためのサポートを

コロナ禍による無観客競馬でも売上があまり落ちなかったのは、ＪＲＡが地道に普及に努めていたネット投票システムの成果でしょう。売上の中から国庫への拠出金も捻出し、国の収益に寄与しています。その他、競馬場施設の充実や警備、さらに競馬そのものの運営などは、競馬主催者としては世界的にも優れていると思います。

ただし、ＧⅠを勝ったような馬が、さらにステップアップするために海外で戦おうとするとき、ＪＲＡはあまりにも頼りにならない。というか、見て見ぬふりをしている気配さえあります。

首長がオーナーであるアラブ首長国連邦はもちろん、アイルランドのクールモアスタッドにしても、単にオーナーや調教師だけではなく、国を挙げてのバックアップがある。クールモアのエイダン・オブライエン厩舎のように、施設もプライベートで３００馬房もあり、管理頭数に制限がない、というところまで望むわけではありませんが、国とチームと調教施設が一体化していかなければ、海外では通用していかない。

かつては海外遠征などレアケースでしたから、ＪＲＡにそのためのノウハウがなくても仕方なかったかもしれません。しかし、コロナ禍の今年はともかく、いまやドバイや香港への遠征はあたりまえになり、ＪＲＡは海外レースの馬券まで売っているのです。ならば、組織として海外競馬に挑戦する馬のための部門を作り、スペシャリストを集め、しっかりサポートしてほしいと思うのです。

ヨーロッパやアメリカ、オーストラリアなどにはＪＲＡの出張所はあるのです。しかし、職員は2、3年ぐらいで代わっていくので、地元の調教師などとのパイプをつくることもできない。競馬のことがあまり分かっていない人も多くて、まるで役に立っていない。ジャパンカップに海外馬の出走が少なくなっているのも、しょうがないなと思えます。フランスで開業している小林智調教師に頼んで、出走してくれそうな馬の関係者にアポイントを取ってもらったりしています。せめて赴任期間を長くして、競馬に長けた人を置き、遠征するときは現地での調教場の情報などを提供してくれたり、人的なものも含めてサポートをしてほしいのですが、まるでその地に精通していない。

それでいて遠征してきた馬の状態などの情報はほしがるのです。サポートはしないけれど監視はするぞ、といったところなのでしょうか。その割に、その情報をメディアに提供するときは、ポイントが押さえられていなかったりするのです（笑）。

今海外遠征をしようと思うと、ノーザンファームなど社台グループの協力をあおいでいます。それならば、牧場から直接海外へ向けて旅立ってもいいと思うのですが、海外に出るときはトレセンにある海外遠征用の厩舎に1週間入れなければならないなど、その辺がチグハグです。こういった厩舎はすでにノーザンファームにもあるのですが、JRAは管理下に置きたいようです。

このままでは世界から置き去りにされてもしょうがないと思います。

引退馬のセカンドキャリア支援

競走馬としての役目を終えたあとも、充実した余生を過ごしてもらいたいという思いで始めた活動です。

重賞をいくつも勝ったような馬なら種牡馬になれますが、数としてはほんの一握り。牝馬もすべてが繁殖に上がれるわけではありません。そんな馬たちは登録抹消後の用途として、長い間「乗馬」という言葉が使われていましたが、乗馬馬になるシステムがあるわけではなく、その先の実態は明らかではないのです。

そんな状況をなんとかしたいと、馬主さんや生産牧場、さらに騎手の協力も得て、2016年に引退馬支援プロジェクトをスタートさせました。

馬は長い間人と接してきた動物で、人の役に立つことが幸せだと感じる動物です。馬を介していろいろな人に集まってもらいたいと思っています。馬と人がじかに接することのできる状況を作り出していきたいのです。

一口馬主と同じように出資を募り、牧場に行けばその馬に会えるように、さらに調教が進んで乗れるようになれば、馬も喜びます。

まず、乗馬用として再調教（リトレーニング）していこうと、馬主さんの協力をいただき、角居厩舎で活躍していたエアウルフやエアハリファを提供していただきました。最近ではショパンなども再調教を行なっています。

いまでは賛同してくれる方も多くなり、岡山県の吉備中央町ではふるさと納税のシステムを利用して、リトレーニングする馬を支援できるようになりました。受け入れ先としては全国各地の乗馬クラブにパートナーとなってもらっています。20年にはこの活動をさらに不動のものにしようという決意で「サンクスホースプラットフォーム」となりました。プラットフォームは「土台」という意味です（https://thankshorseplatform.com/）。

また、他にも引退馬の支援やサポートをする組織が増え、ネットを活用するなどして、活動の幅を広げているのは、とてもうれしいことです。

ＪＲＡにもこういった活動を「事業」として進めてほしいところですが、難しい問題もあります。それでもこの活動を認知し、いまでは「馬の利活用の取り組み」として、「環境整備や人材養成などにたいする支援を、助成対象団体を通じて」取り組んでいたり、サードステージ、つまり余生を過ごすための活動をしている団体に対して、活動奨励金の支援などを行なうようになりました。

引退後、競馬の世界とのかかわりを持つことはありませんが、この活動だけは続けていこうと思います。私が布教活動や生活の拠点となる能登半島に、引退乗用馬の終の棲家となる牧場を作って、運営に携わっていきます。ここでは、どこにも行き場のない馬たちを預かって、その余生を見守っていくつもりです。

第6章
厩舎

ケアレスミスを極力なくす努力

この章では厩舎のマネージメントについて触れていきたいと思います。直接馬券検討に繋がるわけではありませんが、厩舎の姿勢や考え方を知ることで、なぜ毎年リーディング上位の厩舎は同じ顔ぶれなのか、あるいは調教タイムやコメントなどをどう読みとっていけばいいか分かると思います。

角居厩舎の調教助手から調教師になったのは、吉田直弘調教師、村山明調教師、吉岡辰弥調教師、そして私と入れ替わりで開業する辻野泰之調教師の4人。また、調教師試験に合格したあとの技術研修では何人もの新人調教師に教えを請われ、最近では上村洋行調教師、田中博康調教師などが活躍しています。彼らには私の経験や考え方を余すことなく伝えたつもりです。ここではその一端もお話ししようと思います。

角居厩舎の年間目標は毎年「400走、60勝」でした。

2011年に中央で59勝、ヴィクトワールピサのドバイワールドカップを合わせて60勝というのがありましたが、400走というのは、ついに一度も達成できませんでした。思えば、毎年のように目標に届かなかった反省ばかりしていたような気がします。

勝ち星はおおむね出走数に比例するので、いかに400走に届かせるか。思惑通りに短期放牧を行なって、スムーズに馬を回転させたいのです。

角居厩舎では、基本的に3回レースを走ったら休ませる方針。「このレースで勝って休ませる」といった思惑通りにいけば、休み明けにさらなるステップアップが望めますが、勝てなくても3走で休ませます。

「前のレースでは競馬をしていない」というような場合や、3走目で次の上昇の気配がはっきり見えたときは、もう1走ということもありますが、そうすると他にしわ寄せが行くことがある。しかも走り頃は傷《いた》み頃でもあり、注意が必要です。

そのためには人間側のミスを極力減らす。ケアレスミスが馬を傷つけてしまう。

具体的な例を挙げましょう。馬の脂は人間のスキンケアなどに用いられているようですが、馬も病原菌などから身を守るために自らの脂を使います。馬体に傷を負うと、患部の傷が広がらないように体の脂が防御している。特に乾燥が進む冬場は、脂のバリア機能は重要です。

そのバリア機能を人間が帳消しにしてしまうことがある。冷たい水は辛かろうと考えるのか、馬体を洗う時に湯を使っていたことがありました。しかし馬の脂の融点は30～40度ぐらいなので、ぬるま湯ぐらいですぐ溶け出してしまいます。

脂が抜けると、馬は代替の防御態勢として毛を伸ばします。人間のミスや思い込みのせいで馬に無駄な労力を使わせてしまう。この時期、毛が少なくて馬体が光っているのがいい馬です。

馬が望んでいないことを人間が施してしまう。似たようなことは馬房のいたるところに潜んでいます。人為的ケアレスミスを減らすことを肝に銘じてほしいものです。

馬を順調に走らせた結果として、GⅠ勝ちには最後までこだわっていきたい。調教師としての最多勝や最多賞金獲得というタイトルも目指しますが、それ以上に、馬に「年度代表馬」「最優秀3歳牡馬」といったＪＲＡ賞を獲らせたい。辛苦を共にしたスタッフを全員、授賞式に連れて行きたいとずっと思い続けてきました。

「情報」発信は慎重に

厩舎の力については、前著『競馬感性の法則』（小学館新書）で触れているので、ここでは「情報」に絞ってお話しします。

まずは「発信」から。

角居厩舎では2名の調教助手にスポークスマンをやらせています。出走する馬の情報はすべて彼らから発信される。現在では半分くらいの厩舎がスポークスマンを設けているでしょうか。とくに決めておらず、あるコメントは調教師、あるときは調教助手、という厩舎もあります。

角居厩舎の場合、GIレース前のテレビ用の会見などには私が出ますが、新聞のコメント欄に登場することはありません。記者はそのことを分かっているから、調教の後で私のところには寄ってこない。「小滝さん（調教助手）がこう言ってますけど」などという確認の取材も受けない。こう見えてもマスコミに対して近寄りがたい雰囲気を装っています。相当に無愛想だと思われているはずです。

そうやってきっちり線引きするのは、単純に忙しいからです。ずっと馬と一緒にいて、調教師の本筋の仕事に使いたい。もちろん、調教で馬に乗る助手がコメントするのが当たり前だという思いもあります。

かつての苦い経験もあります。調教師が話したことが一から十まですべて紙面に載ることはない。必ず「中抜け」されます。たしかにそう言ったのだが、文脈の中で意味が変わってしまうこともある。面白い言葉をつなげられて馬主さんの誤解を招き「どうしてこんなことを言うのか」と叱責を受けることも珍しくないのです。

スポークスマンのコメントは、調教師のそれより重くない。軽視ということではなく「調教師の口調がいつもと違って力強い」といった類推を排除できるという意味です。

スポークスマンのコメントを私はチェックしません。信頼し、任せています。結果、目を引くようなコメントは見られず、差しさわりのないものが多くなる。角居厩舎のコメント欄はそれほど面白くないわけです。

しかし馬柱には印が付きます。新聞記者は厩舎発信の情報が少ない中で印を打つ。私が◎や▲といった印に気持ちを動かされることはないものの、予想コラムなどを見て「この記者は鋭い」ということはあります。

ただし他の出走馬の能力などについて情報を集めることはあまりしません。記者が持つ情報量のほうが明らかに多い。こちらは自厩舎の馬の状態を絶対的に見ていますが、記者の目は相対的。特に新馬戦などではその傾向が強いのです。

情報収集は専門のスタッフに

厩舎の馬をどのレースに出すか。その馬にどのジョッキーを乗せるか。レースに勝つための最善の選択をしたい。そのために情報収集は欠かせません。

勝っても負けても、レースが終わった瞬間から「次はどうしようか」と考えます。あらかじめこの後は短期放牧だと決めていても、勝ったか負けたかでは違うわけで、その後のことを考えなければなりません。

たとえば下級条件の場合、着外で優先出走権がとれなかった時は、どのレースなら出られそうなのか、情報を集めなければならない。ＪＲＡには競馬の実績表があり、通年のデータが得られます。この馬は北海道シリーズが終わったら、どの1勝クラスなら出られそうかなど。出入りの競馬記者から情報を聞くこともある。

調子が良くてすぐに使いたいと思ったときは、距離を少し変えてみたり、芝からダートに変えてみたり、ときに遠征していったりすることもある。

前走レース後のジョッキーが「左回りのほうがいい」と言ったのなら、そこから次のレース選択をすることもある。角居厩舎ではあまり多くありませんが、同じジョッキーに任せたければ、そのスケジュールも把握し、それに向けて動き出さなければならない。目標のレースが早く決まれば、それに向けての調整もスムーズにいきますし、馬主さんも予定を立てやすくなる。

重要なヘッドワークです。普通は調教師がやるべきことかもしれません。しかし、圧倒的な情報を集めたうえで見えてくることも多く、とにかく時間がかかる。とくにジョッキーの確保にはスピード感が必要です。調教助手が担当する厩舎もあるようですが、馬を扱う人間は、馬が動いているときに他のことができません。

そこで角居厩舎では担当スタッフを置いています。情報収集専門なので、そこからの分析を早く的確に行ないます。

その週の情報が動き出すのは火曜日の午前中。スタッフが集めた情報をもとに、調教師がエージェントやジョッキーと連絡を取って、次に狙うレースを決めていきます。

他にも事務所への出張届を揃えたり、馬運車の手配をしたり、飼い葉をつくったりというスタッフがいます。

調教師として大事なのは人に任せること。競馬の主役は馬やジョッキーや調教師だけではない。スタッフそれぞれが自分の仕事に主役感を見いだせば、厩舎力は上がります。成績が上がれば、そのやり方が正解だったということになる。そういうチームにはびしっと背筋の伸びるいい雰囲気があります。

仮に私が何から何までやろうとして、たとえばジョッキー確保がスムーズにいかないと、やはりイライラしそうです。そういう空気は周囲に伝わってしまう。調教師がワンマンで怒鳴るようだと、スタッフが萎縮してしまい、ネガティブな雰囲気が馬にも伝わる。競馬場で伸び伸びと走ってもらうための厩舎力なのです。

短期放牧のタイミングを見失わない

かつて放牧といえば、文字通り北海道などの「牧場」で、じっくり休ませることで、しばらくの間戻ってくることがなかった。しかし、現在競馬は「外厩」での短期放牧抜きには考えられなくなっています。

前著でも「競走馬の居場所」に触れました。本番から遡れば、「競馬場」、「トレセンの厩舎」、「外厩」、そして「牧場」が馬にとってストレスの大きい順です。この4つの居場所の中で最も情報が少ないのが「外厩」でしょう。外厩は文字通り、トレセンの厩舎以外の厩舎。現代競馬にとって不可欠で重要なポジションです。

調教師に与えられるトレセンや滞在競馬場の馬房数は最低12馬房から、実績などによって現在は30馬房まで。角居厩舎も30馬房あったことがあります（現在は26）。

厩舎が管理することができる馬は、与えられた馬房数の2・5倍。角居厩舎でいえば65頭までです。しかし、馬房が26しかないので残り39頭は、どこか別の場所にいなければならない。故障などで療養が必要な馬や長期で休ませたい馬は北海道の牧場に戻すのがいいのでしょうが、少し様子を見たらまた競馬に使いたいという馬は、いちいち北海道まで戻していては輸送費用がかさむし、馬にも負担になります。そこでトレセン近くの外厩がクローズアップされてきたわけです。

競馬新聞などで「短期放牧」とあるのは外厩に入ることです。トレセンから車で30〜50分ほどの場所ですが、山の気候なので夏でもトレセンよりは涼しく、馬にとってはリラックスできる環境です。だから馬体をゆっくり休められるかと思いきや、そうじゃない。坂路など充実した設備の中で効率的な調教が施されます。レース直前の追い切りほどではないにせよ、馬体を完全に緩めることはありません。快適な環境でのキビキビとした調教。それが外厩の特徴でしょう。

競馬直後の1、2週間はほとんど体調をととのえるだけなので、すぐに外厩に出して、その代わりに別の馬を戻す。目標とするレース日から逆算して、「トレセンの厩舎」と「外厩」とパズルのように入れ替えていくわけです。効率よく回転させて、できるだけ多くの馬を競馬に使おうという考え方です。1頭の馬を続けて使いすぎると、休ませたときに一気にテンションが落ちてしまう。また、長く休養しすぎると、今度は競馬に戻りたくないというメンタルが強くなってしまう。だから2、3回使って短期放牧というサイクルが、競走馬にはいいと思うのです。

トレセンでの調教が終わった後など頻繁に外厩を訪れて、馬の様子を確かめるのは、調教師の大事な仕事の一つです。

私が助手だった頃は、外厩がととのっておらず、たとえば桜花賞や皐月賞で上位に来た馬でも、オークスやダービーのトライアルを使うこともありました。1か月半も厩舎に置いておくぐらいなら、使ったほうがいいという考え方でした。

しかし関西では森秀行先生が中心になってグリーンウッド・トレーニングができました。大きな投資なので複数の調教師のアシストが必要です。森先生は何人かの調教師に声をかけられて実現にこぎ着けました。

そのとき調教師になったばかりの私にも、声をかけてくださいました。グリーンウッドの開業と、角居厩舎の開業はともに2001年。これが厩舎を後押しする力になってくれたのは間違いありません。

ノーザンファーム躍進の拠点

外厩の存在が今の競馬にとっていかに重要か。前項でお話ししました。外厩入りイコール短期放牧。競走馬がレースで力を出し切るために、なくてはならないシステムです。

角居厩舎でもいくつかの外厩を利用させていただいていますが、そのうち2010年に開場した「ノーザンファームしがらき」は競馬の勢力図を大きく変えました。

滋賀県南東部の甲賀地方に位置し、栗東トレセンから車で40分ほど。カーナビや道路標識など見なくとも、目的地が近いことは分かる。信楽焼の店舗がそこかしこにあり、名産のたぬきの置物がずらりと並んでいます。蕎麦屋などの店頭に置かれている愛らしいたぬきの置物は、「他を抜く」といった縁起物だそうで、まさに競走馬にとってもゲンがいい。そんな道を走って行くと、のどかな風景の中にものすごい施設が現われます。

敷地面積28ha。東京ドーム6個分の敷地に、900mの周回コースと直線の坂路、広々と快適な馬房が320。各厩舎にウォーキングマシンが設置され、脚元に不安のある馬のためのトレッドミルも数台あります。

特筆すべきは坂路でしょう。

８００ｍというのは栗東トレセンよりも短いですが、勾配がすごい。最大で８％、高低差は39・７ｍ。しかもスタートして３％から５、６、８％と徐々にキツくなっていきます。栗東トレセン坂路の最大勾配が４・５％だから、その差は明白。ここでしっかりと、そして無理なく負荷をかけて鍛えることができます。その走りっぷりをカメラが追尾し、調教管理室のモニターでフォームを管理しています。

山の気候なので夏でも風が涼しく、栗東トレセンより５度くらい気温が低そう。馬にとってはリラックスできる環境です。

その分、最初は戸惑うかもしれません。「放牧かと思ったら、トレセンよりキツいじゃん？」という感じでしょうか。それでも快適な環境での調教は、トレセンとは違い、レースに向かう馬のピリピリとしたメンタルの悪影響を被ることがない。その点も重要です。

だから外厩で１、２か月過ごした馬は体重が増えます。筋肉がついて馬体が充実する。かつては「放牧明け」の馬はあまり走らないものでしたが、今の短期放牧の場合は事情が違うわけです。もし短期放牧明けで馬体重がそれほど増えていない場合、どこかに不調の原因があるのかもしれません。

暑い盛りに馬房を訪れると、ゆったりとした空気が伝わってきます。

午前中にびっしり走ったのか、2歳管理馬が馬房でくつろいでいました。私が近づくと、なにやら怪訝そうな顔で振り返った。「なんでセンセイが来るんだ。そろそろトレセン入りかな？」といった表情です。その後、馬房から連れ出し、担当者の話を聞きながら、歩様などをチェックしたりします。

関西には他にも特徴ある外厩がいくつもあり、この秋にも大規模な外厩がオープンしました。単に馬房のための数合わせで出すのではなく、その間しっかり連携を取って調整を進めていくことが、強い馬づくりには欠かせません。

「目に見えない疲労」をどう見つけるか

結果が芳しくなかったレース後の陣営のコメントに、「見えない疲労があったのかもしれない」というものがあります。

分かったような分からぬような、便利な言い訳です。敗因がはっきりせず、そんなことくらいしか言えない場合に飛び出す言葉なのでしょうか。

疲れが敗因。そのとおりかもしれません。レースや輸送の緊張で馬に疲れがたまる。陣営は「見えるもの」として疲れを感じ取り、払拭しなくてはいけない。

疲労のサインは、飼い食いが落ちる、体重が落ちる、毛艶が悪くなるなど。下肢部がむくむこともあります。

さらに分かりやすい場合も。朝、馬房から出たがらない。さっきまで飼い葉を食べていたのに、横になるといくら尻を叩いても起き上がらない。「疲れてるから、調教はイヤ！」という意思表示です。

そういったサインがなく、元気いっぱいに見えたのに凡走すると、前記のコメントが登場するわけです。

競走馬の疲れをどう取るか。いつも心を砕いています。

まずはレース間隔。オープン馬ならばレース間隔が最低でも1か月は開くからほぼ心配ないのですが、それでもGⅡの後より、GⅠの後のほうがこたえていますね。これは時計が速い遅いじゃなくて、やはり大レースならではの消耗があったのかもしれません。輸送の際は眠ることなどできませんからね。

それでもキャリアを積んだ馬は、レースに向けて調教内容が変わってくると。自分で体調をコントロールできるようになることがあります。ただし1勝クラスや未勝利馬などはレース間隔を詰めることも多く、レースの疲労とどう向き合うかがとても重要です。中2、3週のローテーションで1クール3走が目安。経験則だと、それ以上使うと疲れが取れにくい。季節によって疲労度が変わり、夏場は2走、逆に冬場は4走でいける場合もあります。

人間の場合、睡眠こそが唯一最大の疲労回復手段だそうです。馬は少し違いますが、よく眠れるようにということは考えます。

人間ならば風呂に入って、アルコールを飲んでぐっすり眠れるという人が多い。馬の場合、日常的に言えば、状態のいいまま、肉食動物に襲われる危険性がない馬房に入れば、横になって休みます。

だからといって何時間もずっと寝ているということはありません。やはり肉食動物に襲われるかもしれないという本能があるし、長い間横になっていると自分の体重で壊死してしまう。だから横になるのはせいぜい1時間ぐらいだと思います。

立って寝るときもありますが、声をかければビクッと耳が動いたりするので、深い眠りではないのです。

ストレスをどう取り除くか

睡眠の前段階として、いかにリラックスできるか。メンタル面での安らぎが馬には必要です。

一番はなんといっても放牧。

競走馬は強いストレスから胃潰瘍になりやすく、重賞の前ともなると飼い葉も食べられなくなる。角居厩舎でいえばデニムアンドルビーがそうでした。真面目で頑張りすぎる優等生タイプが、ストレスを多く抱えるようです。そんな馬を北海道の牧場に行かせると、ウソのように元気になります。

緑の放牧地で青草を食べて、草原で走るというのが、馬にとって最高のストレス解消なんですね。

もちろん、のんびり過ごすだけではなく、軽い乗り運動ぐらいは行ないますが、空気感が違うので、馬にとっては居心地がいい。広大な風景に接すると、人間だって気持ちがよくなるでしょう。

ローテーションの関係で北海道での放牧がままならない場合は、近隣の外厩に出します。トレセンのピリピリした雰囲気から解放されるだけでも、だいぶ違うと思います。

日常生活でも、ストレスを与えないように、住み慣れた場所、馬房を快適にしてやる。馬が嫌がることを極力排除する配慮です。

人間の動きを整えます。夕方、いっせいに仕事を終わらせ、馬房から人間たちが出ていく。馬は突発的な音を気にするので、なるべく人の気配を消すのです。

逆に、連続性のある穏やかな音を馬は好むので、音楽を小さな音で流すのもいい。クラシックがいいといわれますが、ウチでは歌謡曲を流すこともあります。流れるような音に馬は安心し、ゆっくりと気持ちと体を休ませることができます。

リラックスできれば睡眠の質も上がり、飼い葉食いもよくなる。そうやって馬は疲労を取り去ります。

馬は人間とともに生きてきた歴史が長く、人の感情を汲み取ることがある。人の所作は大事です。

疲れた馬に寄り添うのは厩務員。馬にも人間の好き嫌いがあり、相性のいい厩務員が担当になります。

残念ながら調教師の出番は少ないようです。馬が「ジョッキーがあんなにムチをふるったから疲れたんだよ」と思ったとすると、調教師はジョッキーに指示を出す親分に思えるでしょう。その親分が近寄って来れば、気持ちと体に余計な力が入ってしまうかもしれません。

どんなときでも自分の味方になるのは、やさしく脚をさすってくれてご飯をくれる厩務員。馬はそう感じていると思います。

ちなみに人間は好物を食べて元気を出そうとするときがありますね。馬にはその発想がありません。日ごろから最高の栄養食を摂っていますから。そのご飯を食べさせてくれる人間とのふれあいが大事なのです。

人間は自分に大きな期待がかけられているのがストレスという重圧になることがありま

すが、馬にはそういったことはあまりないようです。ただ、これまで述べてきたように馬は人間の思いを汲む動物。だから調教師としては、スタッフに重圧をかけすぎないようにしていますし、ストレスをためないようにということも心がけてきました。すべては馬のためですが。

骨格のダメージと筋肉のダメージ

レースで敗れたときの調教師のコメントに「見えない疲労があったのかもしれない」があると前述しました。なにも韜晦《とうかい》しているわけではなく、本当に凡走の原因が分からないこともある。当の私も、2017年12月の香港ヴァーズで菊花賞馬キセキが9着に敗れたレース後に、そう話しています。鞍上のM・デムーロも「直線でファイトしなかった」と語っていて、ファンが納得するような具体的なコメントではなかった。調教師にも厩務員にも騎手にも、見えないことがあるのです。

その「見えない疲労」に関して、開業18年目にして分かったことがありました。

日本の馬場は硬く、馬は足元にダメージを受けます。ざっくり分けて2種類、骨格的ダメージと筋肉的ダメージです。

骨格的ダメージは関節に痛みが出るのですぐに分かる。ところが筋肉的ダメージは分かりにくい。深刻な筋肉疲労があり、それがまさに季節が変わるくらい後になって出てくることもある。その可能性は否定できないのです。

最後の直線でバランスを崩してずるずると後退する馬がいますね。あれは走ってないから筋肉ダメージが小さくなるかもしれない。逆に、走りがブレずに目一杯に脚を使って力強くゴール板を駆け抜けたような場合は要注意。骨格的ダメージがまったく見受けられないからと胸をなでおろしていると、筋肉的ダメージが隠れている危険性もある。

そこで17年12月10日、香港でのキセキの凡走を考えます。

10月22日に行なわれた菊花賞での3分18秒9という勝ちタイムは、前年のサトノダイヤモンドより、なんと15秒もかかったという超のつく重馬場でした。レース後に丹念に馬体をチェックしましたが、脚元は大丈夫で、痛みもなかったし、骨格のダメージは感じられなかった。でも、筋肉のダメージは少し時間がたってから出てきた、骨格のダメージがなかったので、調教や普段の様子だけでは、気がつかなかったのかもしれない。香港への輸送、そして実際のレースになって筋肉疲労が出てきたのかもしれない——そういうことを今まで経験したことがないので、言葉にしていいのかどうか分からないのですが……。

もちろん、レース後のケアに抜かりはありませんでした。レースを終えた馬に「馬服」を着せますね。あれは激走して急上昇した体温を下げない工夫なのです。筋肉硬化を防ぐためで、馬服をまとって歩かせて、ゆっくりゆっくりクールダウンをさせる。マラソンランナーが走り終えるとオーバーコートを着て、軽く流すのと同じです。筋肉のケアは、次のレースのための最初のステップともいえます。

それでも疲れの芽が払拭できないことがある。それが「見えない疲労」なのでしょう。分からないことが競馬の面白さでもありますが、見えない疲労については、その正体をできる限り解明しなくてはいけません。

負けた経験をどう次に生かすか

調教師にとって非常に悩ましい、メンタルの問題です。

大差負けより僅差負けのほうが、影響が残ると言われています。直線で競り合ってゴール板を2着か3着で過ぎたとき、「勝てると思ったのに、抜けなかった（抜かされた）」と馬が認識する。同じ相手に3回も負けると劣等感を持つし、相手が変わった次走でもラストのせめぎ合いに自信を持てなくなってしまう。オレはベストを尽くしても勝てないんだ、というトラウマです。後方からよく追い込んでの2着とでは、馬の感じ方が違うんですね。

負けたとしても、競った経験がプラスになる場合もあります。たとえば着外の続いていた馬が地方交流で走って2着に入った。相手関係が強いわけではないから、中央に戻っても人気薄。そういう馬が好走することがある。

馬群に沈むばかりで、他の馬のお尻を見ているだけだったのが、上位に来たことで、風景が変わった。前には1頭だけ。それまでは諦める気持ちが勝っていたのが、「今度あの馬を抜けば先頭に立てる！」とモチベーションが上がることがあるかもしれない。「勝ち負けに持ち込めるぞ」という自信が芽生えたんですね。

しかも2着で走ってゴールしたら、厩務員さんがニコニコしながら「何だ、頑張ればいい競馬ができるじゃないか」とばかりに、体を撫でてくれる。馬は周りの人間が喜んでいる姿がうれしいと感じる動物だと思います。競り合って頑張れば、また喜んでくれるかなと思って頑張る。とても健気ですよね。

「僅差負けは次走に悪影響」と矛盾するようですが、「次走に好影響」もある。それまで勝ち負けまでに行かなかった馬が2着、3着にきた場合は飛躍のきっかけになるのです。とくにもともと能力はあるはずだという馬が、頑張れば気持ちいいことがあると学習すれば、次も頑張るようになる。

競馬新聞などが最近好走している馬について「勢いがある」「前走できっかけ摑む」などと書くのは、こういったこともあるのでしょう。

では、接戦ではなく勝ち負けに届かないレースの場合はどうでしょう。

馬のメンタル面のみを考えた場合、最後の直線では頑張る努力をさせないほうがいいという説もある。

日本の競馬では許されませんが、ヨーロッパのジョッキーは無理をさせないこともある。懸命に走っているのに強いムチを入れると、「オレって、全然ダメなんだな」というのがトラウマになってしまう。馬は健気な部分もあればずる賢いところもあり、「もう届かないんだから、無駄なムチを入れるなよな」なんて思う（笑）。

ただし、そのとき馬の気持ちをジョッキーが汲んだからといって、次走は恩に感じて頑張るとは限らない。諦めたほうがラクだと思ってしまうかもしれない。ジョッキーにしても追うのはとても疲れること。届かないと思って諦めると馬も必ず諦めるので、やはりきっちりと追ってもらわなくてはいけません。

よく「途中で競馬をやめた」といいますが、それはジョッキーがやめることを教えてしまった可能性もある。怠けグセがついてしまった馬の場合は、勝敗が決した後もしぶとく追わせることでメンタル面が変わることもあります。

馬がしゃべれるのなら、大きく離されたレースの後などで聞いてみたいですね。「やる気はあったんだ。まだまだ走れた。なのにジョッキーは追ってくれなかった」などと暴露するかも知れません。調教師にしても「このテキじゃだめだ。そんな調教じゃオレの力を引き出すことはできない」といわれてしまうかもしれない（笑）。

馬がしゃべれないから助かっているホースマンは、さぞかし多いと思います。

「放馬」が次のレースに生きることがある

返し馬やゲートに入るときなどに競走馬が騎手を振り落として逃げてしまう。鞍上にスキがあったのかどうなのか、一瞬のアクシデントです。なかには、馬が意図して（？）振り落としているようなときもある。

馬にとっては気心知れたはずの騎手の存在さえもストレスで、本来背には誰もいないほうがいいのです。

落馬を含めた放馬でもトラウマが生まれます。

放馬には2種類あります。放馬後にゆったり走る場合と、いきり立って暴走する場合。前者は背中が軽くなって清々している。いわば放牧に出た感じで、人間を乗せずに馬体をのびのびとストレッチできる。周囲の動揺を尻目にメンタル面でリラックスしているかもしれません。そういう馬は、ある程度走ると満足します。そして寂しくなり、人や他の馬に寄り添いたくなって簡単に捕まることが多い。

問題は後者です。パニックになって止まれなくなっている。まさに荒馬の様相で、容易に捕まえることができない。こうなると次走以降に悪影響を及ぼします。騎手を振り落としたときに鞍がずれたりすると、何かに摑まれているように感じるのでしょう。馬にしてみればとてつもない恐怖ですよね。

いわば、よい放馬（というのも変ですが）と悪い放馬で、見れば誰にでも分かると思います。よい放馬の場合は次のレースで快走することもあります。しかし、調教師としては「あの放馬（落馬）がよかった」などとは口が裂けてもいえない（笑）。アクシデントがよいほうに転び、それまでもうひとつ勝てなかった馬が走るようになる。きっかけは思わぬところにあります。

以前にも触れた外国人ジョッキーの起用（それまで動いていなかった馬の筋肉を動かしてくれる）は、きっかけを能動的に作るわけですが、そうじゃないものもある。そういうケースは放馬以外にもまだまだあるかもしれません。

休ませるのも大事だし、数多くレースを経験させるのも大事。アクシデントも含めて、調教師はたくさん経験するしかないのです。

「痛み」に寄り添うことで馬の信頼を得る

競走馬のメンタルを蝕むトラウマについて。もっともやっかいなのは「痛み」です。馬も人間も、痛みには弱い。痛いと足が止まる。動物の防衛反応だからどうしようもありません。ノーペイン・ノーゲインなどというけれども、痛みに耐えてゲインする馬はいないのです。

痛みの体験が不安を生みます。賢くて臆病な馬は痛みが出る手前で走ることをやめてしまう。

ゼウスバローズは、ダービー馬ディープブリランテの全弟という超良血馬でしたが、エビ（屈腱炎）との長い闘いがありました。2歳時に勝ち上がりましたが、クラシックシーズンを控えた2014年3月から半年間休養、秋に復帰し10月の京都芝2200mを勝った後も1年以上レースに使うことができなかったのです。

エビは再発の可能性も高く、競走馬にとっては極めて厳しい故障といわれます。ところが、その過程には痛みがない。それまで問題なく走っていたのに、放牧先で走ったとたんにエビになることがある。疲労して硬くなっていた腱が、動き出しのときにぶちっと切れて出血すると、エビの初期症状。でもその段階で痛みはないわけです。しかしやがてピシッというような鋭利な痛みを感じると、走れなくなる。「痛みによるブレーキ」です。

プロ野球のピッチャーのケガと似ているかもしれません。肘に痛みが出るまで、腕がだるいとか重いなどの段階ではまだ全力で投げられる。でも痛みを感じるとダメ。痛みに対する恐怖が残り、以前のようにダイナミックに腕を振れなくなるそうです。不安が萎縮を呼ぶのです。

ゼウスバローズの場合、長く休ませることでトラウマを最小に抑えられたのかもしれません。

15年12月の復帰後はコンスタントに競馬ができるようになり、16年8月までに9戦（1勝2着2回）。その後も8か月ほど休ませ、復帰2戦目の17年4月の京都1000万下で2着に入りました。

実はその直前に、検査で腱線維の配列が乱れていることが分かった。炎症の危険性です。ここが思案時。オーナーと相談して、1回使って様子を見ようということになった。競馬を止めてしまう懸念もあった。私はドキドキしながらレースを観ていました。

それでもあれだけ走れた。馬は痛みの不安がなく走ることができたのでしょう。つまり「痛みの記憶」に囚われることがなかった。

そして1か月後の5月21日の東京の調布特別（芝1800メートル、M・デムーロ騎手）。角居厩舎は前の週に12週連続勝利の新記録を達成していましたが、この週はここまで6戦して未勝利。このレースでもスタートで出遅れて道中は最後方、直線に入っても前は遠いと思われましたが、ラスト200mからM・デムーロのムチに応えて猛追、33・0秒という上がりタイムで差しきったのです。

鳥肌が立ちました。私にとっては、厩舎の13週連続勝利以上に、ゼウスバローズが故障を克服して勝ってくれたことのほうがうれしかった。

「立て直し」の目的は勝利ではない

中距離で勝てなかった馬が、次走では距離を変えて臨む。これを「距離を見直して立て直す」と表現しますね。

「立て直し」には、目先を変えての出直し、再チャレンジなどの一般的な意味が含まれていて、聞いたほうではなにやら分かったような気持ちになります。しかし競馬の「立て直し」には明確な意図があります。

たとえば1800mで勝てなかった馬を1400mで走らせる。もちろん勝つに越したことはありませんが、目的は勝利ではない。頑張ることを覚えさせるための立て直しです。単に長い距離が合わないからということではありません。

中距離で勝てないのは、行きたがる掛かりグセが直らず、道中でタメを作れないから。距離を短くすることで一本調子の競馬でもなんとか形になる。馬に「タメはうまく作れないけど、ダメじゃないんだ」と思わせたいんですね。

角居厩舎にいたセン馬のドラセナがその典型です。

2017年10月のデビュー戦（京都・芝1800m）ではコンマ1秒差の2着。悪くはありませんが、どうも掛かるところが気になった。調教も芳しくなく、折り合いがつかない悪癖がレースでも見えたんですね。

そこで立て直し、距離短縮です。1600mでも折り合い面で不安だったので、11月の次走に1400mを走らせた。

1番人気に推されたもののC・デムーロの手綱で5着。「なにやってるんだ」とお叱りを受けそうな結果ですが、陣営としては気落ちしなかった。結果を出すための立て直しではない。立て直すのは、その後の調教です。

折り合い無関係の一本調子の競馬で1着からコンマ5秒差の5着。馬も手応えを感じた反面、「なんか勝てない」と思うはずです。「鞍上の言うこと、聞いたほうがいいのかな」と反省するかもしれない。距離短縮の狙いは、掛かりグセのリセットなのです。

その後の調教では、繰り返しタメを作らせます。最後に脚を爆発させるための我慢を覚えさせる。馬は一本調子ではダメだと認識し（たぶん）、苦手を克服しようと頑張るわけです。

ドラセナは学習能力が高かった。折り合いに不安が消えた2週後、同じ鞍上で1800mに戻して初勝利をあげました。会心の勝利です。上がり最速。4角を7番目で通過、タメを利かせた走りを見せてくれました。

距離短縮の真の狙いは、崩れた調教を立て直すこと。レースのための調教なので、なにやら逆説めいていますが、調教を生かすレースもある。調教とレースは表裏一体なのです。

ドラセナのその後は2018年5月のプリンシパルステークス（東京・芝2000m）と距離を延ばしたものの13着、休養をはさんだ12月中京の2000mでも結果が出ていません。でもレースぶりから、きっと上向いてくるという手ごたえはありました。

管理馬が多くなってしまったことからドラセナは転厩しましたが、19年秋に3、4着。20年5月には2勝目をあげました。

「立て直し」の真意は体より心

では仮にテコ入れをしなかった場合、どうなるのでしょう。

1800mでは、初めはラクについて行き、そのうちどんどん抜かされて、多くの馬の尻尾を見ながらゴール板を過ぎる凡走になってしまう。そういうレースが続くと、馬の気持ちが折れていく。鞍上との折り合いもつかず、「競馬って、そういうもんなんだ」と、早くから諦めることを覚えてしまうのです。

そこで、1400mに距離を縮めると、どこかで頑張れる。ジョッキーの指示は、「折り合いは気にせず、かかってもいいから、とにかく行ってみなさい」という感じです。「最後だけは頑張らせるぞ」と。そうすることで馬の気持ちは折れず、次の調教に気持ちがつながるわけです。立て直しとは、馬の気持ちの立て直しなのですね。

競走馬は、諦めずに追いかけることで集中力を高めて成長します。諦めないというメンタルこそが大事です。

1400mでスタートから速い流れになったとき、「あれ？　今日はえらい速いな」と馬は感じる。流れに乗って他の馬が加速しだす。そこに諦めずになんとかついていく。それを繰り返し練習することで、馬のメンタルが強くなる。頑張ることを覚えて、馬は成長します。その集中力が身につけば、1600m、1800m、それ以上に距離を延ばしても頑張れるのです。

角居厩舎の馬でいえば、エアグルーヴの子ショパンがそうでした。

新馬戦は阪神2000m、M・デムーロの手綱で5着でした。折り合い面に不安が見えて、すぐに見直しを図った。ショパンの場合はマイルで試しました。

次の京都1600mは同じ鞍上で初勝利。そしてやはりM・デムーロに任せてダービートライアルのプリンシパルステークス（2000m）に臨んだものの、1番人気ながら15着。

東京の長い直線でまったく伸びず、見せ場なく敗れてしまった。馬のメンタル強化、そう簡単にはいかないものです。

そこで自己条件の阪神1600mに戻して3着。ラストの直線、よく頑張って伸びました。その後の調教の感触もよく折り合い面での不安も消え、以降は距離を延ばします。中京2200mで3着、新潟2200mでも3着。

そして7戦目、京都の2400mで長丁場を勝ちきりました。4角を回ってしばらく中団でじっと我慢して、ラストは鮮やかに切れました。

その後は長距離路線に乗り続け、明け4歳で1000万円以下（2勝クラス）の京都睦月賞（2400m）でも勝ちました。その後は勝利に恵まれていませんが、32戦で24回は掲示板に載ることができました。

もちろん血統を考えれば物足りませんが、メンタルトレーニングがうまくいった好例だと思います。中央登録を抹消された後は、サンクスホースの一員となって、乗馬のためのリトレーニングに入っています。

馬は水の味が分かる

古代ギリシャでは「万物の根源は水」といったそうですが、馬にとって水は根源的に重要です。馬体の約70％が水。1日に30リットルの水を飲みます。大量の水は健康維持や速やかな発汗のために欠かせない。飲水不足だと便秘になったり、肌が荒れたりします。たくさん飲むわけですから、当然良い水がいい。馬にとって「良い水」とはどんなものなのでしょうか。

30リットルですから、ガブガブと飲める水がいいのです。

滋賀・栗東の水はおいしいといわれます。琵琶湖に注ぐ前の水のようで、土壌のミネラル分の味を馬は感じているのかもしれません。浄水技術が格段に進歩した今、美味しくない水はなくなったようですが、東西で比較すれば西は総じて水がいいですね。

基本的に、競馬場は水の良い場所にあります。札幌、函館の水は美味しいし、福島も新潟も、中京も小倉もいい。東京競馬場の近くには、ビール工場があるくらいですよね。

その昔、水の味は陣営にとって大問題でした。関西馬が関東、たとえば中山で出走するとき、現地の水をなかなか飲んでくれないことも珍しくなかった。関西馬のほうが水の味にうるさかったのですね。

私が中尾謙太郎厩舎の調教助手時代、担当だったナリタハヤブサが出走する中山の皐月賞に帯同したときのことです。当時の競馬界は関東馬が圧倒的に強くて、関西馬は滞在してコンディションを整えないと勝てないということが常識になっていました。

ところが、関西馬は関東の水をゴクゴクと飲んでくれない。それで美浦トレセンに入って調教をつけるときに、水を替えると馬が嫌がるという配慮から「六甲の水」をケースで持っていった。馬が口をつけるバケツに、水のボトル5、6本。そのくらいはすぐに飲んでしまいます。1本2リットルのボトル6本入りのケースを20ケースくらいでしたか。240リットルの水を運ぶ苦労は相当なものでした。

今はそんなことはないのですが、昔の美浦トレセンの水はカルキ臭があるように思えた。人間が感じるくらいだから、敏感な馬は水の違いに気づくはずです。ウマいマズいというよりも、「あれ？　いつもの水と違うぞ」と認識する。すると生存本能から、ガブガブ飲むことを控えてしまう。いつも飲んでいる水は安心だけれど、味が変われば危険かも、と思うのです。陣営としては、いつも通りに30リットル飲んでもらわなくては困ります。今は水の味に難色を示す馬はいないようです。ですが水には気を使います。角居厩舎では水素水を使っています。ろ過して純水にするから水の味がない。すっと体に入っていくようです。

「馬を水辺に連れて行くことはできても、水を飲ませることはできない」ということわざもあります。機会を与えることはできるが、それを実行するかどうかは本人次第、という意味です。私たちは、馬にいい機会を与え続けるしかありません。

優れた調教助手の条件

ジョッキーには「リズム変換」が不可欠だと書きました。馬の持つリズムを尊重してレースで最大限に生かし、馬が疲れてもう無理だと感じたところからさらに脚を使わせることができる技術。

その技術は調教でも重要です。

追い切りで馬を気持ちよく走らせるために、調教助手が馬のリズムを汲み取らなくてはいけません。調教助手はジョッキーよりも体重があるので、馬の重心を揺り動かす力が強くなる。リズム変換がうまくいかないと、「なんか、走れないなぁ」と馬はストレスを抱えることになります。

調教で助手が跨がると、馬は「レースのときより、ちょっと重いぞ」と訝るかもしれません。しかもその鞍上の重さを利用して、よりコンパクトな動きで馬の重心の振り幅を大きくすることができる。それが能力の高い助手です。

追い切りで攻め馬を担うスタッフを調教助手と言いますが、適切な表現は攻馬手、つまりライダーです。「助手」には調教師の手伝いをするイメージがあり、ヨーロッパで調教助手と言えば事務方の片腕、アシスタントです。日本の場合はまったく違います。

私が調教助手だったときに、海外遠征でトップトレーナーに質問したことがあります。「助手にとって、一番大事なものは？」と。彼は言下に「リズム感」と答えました。まさにリズム変換のことです。変換のできない助手は、どうしても自分の調教リズムを馬に入れてしまう。すると調教が一本調子になり、同じタイプの馬しか作れないなんてことになる。「あの助手は短距離馬をつくらせたらうまい……」などという評価は、実は芳しいものではないわけです。

さらに、私はそのトレーナーに食い下がりました。トレーナーは、「リズム感」に続けて、「ハート」と言いました。

そういった助手としての経験と、トレーナーとしての月日を積み重ねて、馬づくりに大切な4つの条件にたどり着きました。

リズム、タイミング、バランス、そしてハート。

この4つを極めればトップアシスタントになれます。海外トレーナーが教えてくれた「リズム」と「ハート」の間に、独自に2つの要素を入れました。

4つの並びは習得容易な順番。リズム変換はプロならばやってもらわなければ困る。タイミングもリズム変換に付随するもので、どこでタメてどこで抜くか。

バランスとは、肉体的にいえば、体のバランスのことで特に体幹がしっかりしていること。人間のバランスは馬に伝わり、馬は人間の体の傾きに合わせてバランスを保とうとします。精神的なバランスとしては、物事の全体像と自分のポジションを把握できることが必要です。

やはり一番難しいのがハート。馬を怖がらない強いハート、そして自分の仕事への熱い姿勢です。モチベーションが高ければ、日々の細かい行動の質も変わってきます。

いいライダーをつくることも調教師の重要な仕事になる。

実はこの4つの奥義は、馬づくりに限ったことではありません。人間の仕事のほとんども、この4つに集約されるような気がします。人に合わせるリズム感、案件を切り出すタイミング、物事の全体像を把握できるバランス感覚、そして目標を真剣に見据えることのできる熱いハート。そういう人間は、どんな仕事をしても大成するのではないでしょうか。

少し哲学的な話になってしまいましたが、大ざっぱに言えば「センスの良さ」ですね。センスのいい人の長所を細分化すると、4つの奥義になるのだと思います。

調教欄も「助手」だけではなく氏名を

馬のリズムに合わせ、的確なタイミングで加速減速をし、馬の重心のバランスの崩れをライダーが補い、熱いハートで力の出せる状態に高めてやる。リズム変換とタイミングはよいのに、バランス感覚がもうひとつという助手もいる。4つともに優秀という域には、なかなか一朝一夕にはたどりつけません。

新聞の調教欄には乗り手の表記がありますね。ジョッキーは名前が載りますが、調教助手の場合は「助手」です。助手の乗り方にも巧拙があるので、名前を明記してもいいのでは、などと思うこともあります。この助手はセンスがいいな、などとファンに認識してもらうのも一興ですし、名前が知られることで、助手にとっても励みになるかもしれません。

さてこの調教欄、ジョッキーの調教タイムと助手のタイムを比較するのは、あまり意味がありません。斤量がまるで違う。助手はジョッキーよりも20kgくらい重い場合もありますから。

角居厩舎の場合、目一杯スピードをあげて長い距離を追い続けることは、基本的にはやらない。パワートレーニングの意味合いを考えて重い助手が乗ってもいいと思っています。馬も、多少重くてもリズム変換を巧くやってくれる乗り手がありがたいのです。

以前にも書いた「慣性の法則」。加速させるときには鞍上は軽いほうがいいのですが、スピードに乗ってからの重さはマイナスにならない。優秀な助手は、慣性の法則をセンス良く利用します。

助手が頑張り、馬も気分よく走り、充実した調教ができたとします。人事を尽くして、あとは本番を待つのみという晴れやかな心境なのに、意外なことに、ひとつだけ困ったことが起こる場合がある。

ハンデ戦に出馬するとき、調教の状態がよいとハンデが跳ね上がるのです。かつてはレース実績で決めていた（決まっていた？）ものが、近年では調教状態も加味するようになってきた。

つまり基準が分かりにくくなっている。われわれ陣営が「54kgくらいかな」と思っていると、実際は56kgなんていうことすらあり、「ほんまに、勘弁してくださいよ」などと漏らしてしまいます。調教師のコメントに「56kgとは見込まれた」というのがありますが、内心では「冗談じゃないよ！」と、たぶん憤っている（笑）。

陣営でも驚くくらいだから、調教状態を見ていないファンの方々にも不可解でしょう。ハンデの論拠を、しっかり提示できればいいのに、などと感じてしまいます。

「調教助手●●（斤量およそ65kg）が一杯に追って、リズムよく加速、スピードを維持。オープン馬▲▲に2馬身先着」などと、ハンデ師の主観に具体的数字をまじえながら、「だから、このメンバーならばトップハンデ」といった具合です。そうなれば、調教を頑張った助手の励みにもなります。もちろん、ハンデ師の氏名も公表してほしい。

パドックを大事にしない厩舎は伸びない

出走馬の登場を今か今かと待ち構えている大勢の人間たち。しかしそこに登場する馬に誇らしい思いはありません。いつも面倒を見てくれる厩務員が寄り添ってくれているけれど、不安でいっぱいのはずです。

パドックでの周回はリラックスするのが理想。リラックスしながらも、我慢させています。首を激しく振ったり跳ねたりして馬っ気を出す馬を時おり見ますが、レースに向けての我慢ができていない。パドックではじっとエネルギーを溜めることが大事です。

GⅠレースでは、周回中のパドックの中に馬主さんや調教師が歓談しながら愛馬の様子を眺める光景がおなじみです。途中からジョッキーも輪の中に入って華やかな雰囲気を演出しますが、その他のレースのパドック周回は緊張感の中で淡々と行なわれますね。

締切15分ほど前になって「とま〜れ〜！」の号令がかかった後、調教師が馬に駆け寄ります。ジョッキーたちも整列して一礼し、小走りにそれぞれの騎乗馬に向かう——パドックではお馴染みのシーンです。

古くからの競馬ファンにとっては、調教師になったかつての名ジョッキーの姿を見るのも楽しみかもしれません。現役時代同様軽やかに馬に走り寄る若手の先生もいれば、体形がすっかり変わってしまった（笑）ベテランもいます。みな、これからレースに臨む愛馬の状態を確認しにいくわけです。

馬に駆け寄って何をするのかというと、馬具がきちんとしているかどうかの確認。馬場に入って手綱が抜けたりするトラブルの可能性もあります。

そして、レース直前にジョッキーに会っておくことが重要。私は騎乗やレースの指示などは一切しませんが、ジョッキーと目を合わせる。ファンの目前で馬とジョッキーに接する姿をきちんと見せたいのですね。

その一方で、馬に人が駆け寄っていかない場合が見受けられます。前のレースに騎乗しているジョッキーはパドックには出てこられないことがありますが、そのうえ調教師も現れないことがある。管理馬が複数の競馬場で出走する場合は、臨場の資格を持った助手がいるはずですが、それも出てこないことがありますね。このときの競走馬は、どこかポツネンとして寂しげな感じがします（馬は決して寂しいとは思っていないのですが）。

ジョッキーのほうはともかく、その競馬場に調教師が臨場していれば、通常は出ていきます。

まず、調教師や助手などの厩舎関係者は最低2人いなくてはいけない。馬を引く（厩務員が多い）人間以外に1人。騎手変更などの手続きが生じた場合の最低の頭数です。だからジョッキーの後に誰も続かないのは、そういった手続きなどの理由があるのでしょうか。あるいは、次のレースの出走馬に何か気になることがあったのかもしれません。

私は必ず出ていきます。

パドックは晴れ舞台。「何番、よさそうだね」とファンに思われるよう、馬を輝かしく見せるというのが角居厩舎のポリシーです。パドックの様子でオッズが上がるような。そこに調教師が一役買いたいものです。

第7章

GIへの思い

ついに勝てなかった桜花賞

おかげさまで現在ＪＲＡでは26のＧⅠを勝たせてもらいました（２０２０年11月１日終了時点）。しかし、どうしても勝てなかったレースもありました。

桜花賞は大好きなレースでした。阪神のマイル戦はしっかりと力比べができる好舞台。桜に見守られながらのレースは華やかで、ファン同様に陣営の気持ちも沸き立ってきます。このあとオークスもありますが、やはり牝馬はマイルを勝てるスピード。いちばんの勲章は桜花賞です。

しかし、角居厩舎には縁が薄かった（笑）。牝馬三冠の括りでいけば、オークス、秋華賞は勝っているのに、桜花賞だけは勝てませんでした。ウオッカ（07年）やシーザリオ（05年）でさえ２着でした。最後に出走したのは08年のトールポピーで、１番人気に支持されましたが８着に終わりました（17年サロニカは出走取消）。

３歳牝馬のこの時期はとてもデリケートで、調子の維持が難しい。ＧⅠは勝つためのレースという角居厩舎の信念に添えば、自信を持って送り出せる態勢が整いにくいのです。

もちろんハナから諦めているわけではなく、調教師として、繁殖に戻すときに桜花賞の金看板を背負わせてやりたいと強く思っていました。

3歳1月ごろまでに芝で勝ち上がれば、クラシックを意識します。しかし牝馬の場合、なにがなんでも桜花賞へとは考えない。やはり調子の維持が難しいのです。たしかに、一つ勝った時点でGⅠへの青写真みたいなものは見えてきます。ただし一度使ってはしっかりと休ませることを基本にします。厩舎事情として、馬を入れ替えるタイミングも考えなければならない。こちらの判断以外にも、放牧場からの進言もあったりする。

そういったやりくりが厩舎の腕の見せどころになるわけですが、急いで次走に間に合わせようとは思わない。このへんの判断は慎重です。力のある牝馬の場合、桜花賞こそという思いを、じっと抑え込むこともある。馬の体が安定してよくなることが最優先ですね。

オーナーも桜花賞への思いが当然強いはずで、一昔前には「なんとか間に合わせてくれ」といった声も大きかった。しかしそんなときでも、「はい！」と言っておきながら、決して焦りませんでした。面従腹背です（笑）。

馬の成長を目の当たりにしていると、「春のクラシックへ間に合わさなきゃ」というプレッシャーは薄まっていくようです。馬の成長がレースに間に合えば、それはそれでよし。間に合わなかったとしても、馬の能力が消えてなくなるわけではない。牝馬の場合、桜は散ってしまうものですが、その先にはオークスもあるし、古馬になってからのレースも多彩になっています。

いつの間にかオーナーも、「そんなに急いでは仕上げないでしょ」という感じで、拙速を嫌う角居厩舎の流儀を共有してくれていました。もちろん、それに甘えてはいけなかったのですが、ついに勝つことはできませんでした。

やはり縁のなかった天皇賞（春）

前著『競馬感性の法則』（小学館新書）では、天皇賞（春）について、「種牡馬にしたい馬にとって、天皇賞を使う意味があるのか」と書きました。種牡馬についてもスピード重視が時代の流れである、と。だからというわけではないのですが、角居厩舎はこのレースにも縁がありませんでした。デルタブルースは3回出ていますが、すべて二桁着順でした。この馬は有馬記念が好きだったようで、年の後半になって調子を上げるようなところがあった（笑）。ポップロック、メインストリーム、デニムアンドルビーも勝ち負けにさえならなかった。２０２０年は2頭出しで臨みましたが、トーセンカンビーナが掲示板を確保してくれるのがやっとでした。

このレースについて思うとき、とくに心に残っているのはシャケトラです。

15年夏、デビュー直前に軽い骨折が見つかり、実際にデビューしたのは3歳のクラシックも終わった16年6月の阪神の２０００ｍ。じっくり後方でかまえて、上がり34秒1であっさり抜け出しました。２戦目は３着に甘んじたものの、ひと息入れて距離を２４００ｍに延ばした3戦目、２２００ｍの１０００万特別を難なく勝ち、17年1月にはＧⅡ日経新春杯に格上挑戦。53kgという恵量だったとはいえ、バリバリのオープン馬相手に2着を確保してくれました。

とはいえ、この時点ではまだまだ天皇賞なんて頭にありません。3月のＧⅡ日経賞もゴールドアクターやディーマジェスティといったＧⅠ馬がいて、このメンバーでそこそこやれるのなら先々楽しみだと思って出走させました。あんなに後ろから競馬をするとは思わなかったけれど、先行馬が粘る中で強い競馬。田辺裕信騎手が馬の力を上手に引き出してくれました。

結果論になりますが、デビューが遅かったことでじっくり体を作ることができた。体のバランスがよく、きれいな馬体で見るからにいい馬という感じ。トモが弱くて、ヒザ裏が張りがちでしたが、能力があるから、休み休みいこうと決断しての遅いデビューです。名前の由来（イタリア産のデザートワイン）の通り、最後からゆっくり行こうと思ったわけです。

しかしこの年の天皇賞は役者が揃っていました。すでにGⅠを4勝していたキタサンブラック、同世代ではあるけれど菊花賞と有馬記念を勝っているサトノダイヤモンド、その他ゴールドアクター、シュヴァルグランといったそうそうたるメンバーで、1年前にデビューすらしていなかった馬が、同じ土俵に立てるとは思わなかった。勢いから3番人気に推されましたが9着、その後宝塚記念、天皇賞（秋）、ジャパンカップ、有馬記念と使いましたが、GⅠの厚い壁を感じました。翌18年春に左前脚を骨折し、長い休養に入りました。

19年1月、1年1か月ぶりとなったアメリカジョッキークラブカップでは騎乗予定だった戸崎圭太騎手がインフルエンザで石橋脩騎手に乗り替わり。好位から直線先頭に立ち、菊花賞馬フィエールマンを抑えて勝利。中391日の長期休養明けによる重賞制覇は、1988年オールカマーのスズパレード（461日）に次ぐ史上2位の記録。おまけに、前年7月に酒気帯び運転で逮捕され半年にわたった調教停止明けの一戦でした。調教師などいなくても、スタッフと馬はしっかり自分の仕事を果たしてくれたのです。

阪神大賞典では1番人気に応えて5馬身差で圧勝しましたが、天皇賞（春）に向けての調教中に左前第一指骨粉砕骨折で予後不良となってしまいました。

出走すらできなかったスプリントGⅠ

「角居の1200嫌い」（笑）は広く知られるところとなりましたが、そのたびに反論しているように、決して嫌いではない。1分そこそこで決着するスピードレースは、スリリングで見ていてもワクワクします。

しかし、開業以来20年、ついに高松宮記念にもスプリンターズステークスにも出走することがありませんでした。

開業して3年目にデルタブルースで菊花賞、4年目にシーザリオでオークス、その後もウオッカ、トールポピーと中長距離の活躍馬が出たことから、同じような距離適性の馬が集まってきました。その結果、レースでタメを作る調教に主眼を置いたため、短距離馬育成のための従業員教育や調教システムが構築されないままきてしまったということです。もちろん、どちらもこなしている厩舎もあるので、言い訳にしかならないのですが。

調教師としての考え方の問題もあります。１６００ｍが長かったから１４００ｍ、１２００ｍでというのは、たしかに有効な方法なのですが、こちらの調教技術が後退しているようで抵抗があったのです。

そんなことでＮＨＫマイルカップに対しても積極的になれませんでした。３歳のこの時期は、やはりクラシックを目指しているし、馬主さんもそれを期待して角居厩舎に預けてくれている。だから２０００ｍが長いからマイルで、とこの時期に結論づけてしまいたくなかったのです。古馬になってからマイル路線を歩んだようなトライアンフマーチのような馬でも、３歳時はダービー、菊花賞と使いました。

１２００ｍでデビューしてマイルまで延ばしていく、というのならある程度ノウハウを生かすこともできたかもしれません。しかし、角居厩舎にはクラシック血統の馬が多く送り込まれてくるようになり、逆に短距離血統の馬はスプリント路線で結果を出している厩舎に行くケースが多い。

ここ2、3年は短距離血統の馬も預けていただくようになりましたが、慣れていないからか、なかなかうまくいきませんでした。19年にはシャドウノエルという馬が3勝クラスの芝1200mを勝ちましたが、オープンでは苦戦しています。

毎年のように出走したオークス

桜花賞はついに勝てませんでしたが、オークスは2005年にシーザリオ、08年にもトールポピーで勝っています。どちらも桜花賞では1番人気でしたが、オークスで雪辱を果たしたといったところです。その後も、何頭か出走させることができました。

距離が延びるからといって、調教が大きく変わるということもありません。坂路主体だったのが、下（コース）で追い切る本数が増えるぐらいでしょうか。

かかりグセの抜けない馬ならば、桜花賞の1600mを使った後ではタメが利きにくくなることもある。そんな馬がオークスを目指す場合、思い切って桜花賞を避ける選択肢もあるかもしれません。

クラシックロードを走る牝馬にとっては、オークスには春最後のレースというイメージがあります。２４００mは過酷ではあるけれど、夏場しっかり休むことができます。長い距離を走ったからといって精神的に悪い影響を残すということは考えません。

もちろん、オークスを回避するという選択もある。

この時期は2歳馬が入厩し、ゲート試験などが始まるタイミング。次世代の準備を始める時期ですね。馬房数の関係があるので、無理に使おうとするよりは、次の世代の準備に入ってしまう。これまでクラシック戦線で頑張ってきた馬でも、体調がひと息ならば思い切って放牧に出します。秋華賞トライアルは秋競馬がスタートしてすぐ始まります。そちらに照準を合わせていけばいいのです。

角居厩舎では、17年に桜花賞を直前で断念したサロニカを立て直して使う目論見でしたが、脚の疲れが抜け切れず、残念ながら回避となりました。そのため、その年はクラシックへの出走がないかと思っていたら、スイートピーステークスで、前走未勝利を脱出したばかりのブラックスビーチが勝って優先出走権をゲットしてくれました。

オープン馬や重賞で好走してきた馬もいたレースでしたが、使うごとにタイムを詰めてきていたので、なんとか権利をとれないかと思って初めての遠征に出しました。東京競馬場の長い直線で速い上がりにも対応できたことは大きな収穫です。距離が延びるのはやや微妙でしたが、相手なりに走ることができるレースセンスのよさが持ち味。ディープインパクト産駒で、ダービーに予備登録したほどの期待馬でしたが9着。やはり桜花賞を闘ってきた馬にはかないませんでした。

翌18年は賑やかでした。

カンタービレは1月の未勝利戦を勝つと、3月のフラワーカップも快勝。賞金的には桜花賞にも出られましたが自重し、オークス一本を見据え、トライアルも使わずじっくりと態勢を整えてきました。

この時期の牝馬育成で留意しなければいけないことは、「気持ちと体のバランス」。体ができてきたときに、ちょうどメンタル面の充実が追いついてくるとベストです。しかし両者の蜜月は長続きしない。メンタルが強くなりすぎると、今度は体を萎めてしまうことがある。このへんが難しい。オークスでは結果が出ませんでしたが、秋はローズSを勝ち、秋華賞でも3着に頑張ってくれました。

サトノワルキューレはトライアルのフローラSで最後方から大外一気の鮮やかで強い勝ち方をしました。新馬戦は京都の1800m。そこを勝って、梅花賞2400mを使った（3着）。それからもう一度、同じ距離のゆきやなぎ賞を走らせてみた（1着）。少頭数ということもあってリズムよく走れ、やはり最後方からの競馬でした。いい脚を長く使えるイメージが得られ、東京2000mのフローラSに向かったわけです。

ただし、あくまでも拙速を嫌う気持ちに変わりはなく、フローラSでもしダメならば、秋に向かう心積もりでした。この時期、2400mを2度経験している牝馬は珍しく3番人気に推されましたが6着まででした。

さらにこの年はトライアルのスイートピーSでランドネが勝ち、3頭出しとなりました。この馬は学習能力が高く、教えたことをすぐものにできた。オークスでは結果が出ませんでしたが、秋華賞でも好走してくれました。

しかし、この年はとんでもない怪物・アーモンドアイがいましたし、古馬になって牡馬相手にGIを勝ったラッキーライラックもいた。

クラシックに関しては、「生まれた年が悪かった」ということがあるのです。

ダービーはすべてのホースマンの大目標

角居厩舎でダービーといえば第74回を勝ったウオッカ、そして第86回のロジャーバローズと2回勝たせてもらいました。その他にもエピファネイアが2着、ヴィクトワールピサが3着、ルーラーシップとリオンディーズが5着に頑張ってくれています。

ウオッカは牝馬としてはダービー史上3頭目、64年ぶりの偉業でした。父・タニノギムレットとともに同じオーナーで親子制覇ということでも話題をさらいました。「ダービー馬はダービー馬から」といわれますが、さすがに父と娘という組み合わせはない。

角居厩舎ではウオッカの子供も4頭預からせてもらいました。ウオッカの子でダービーを勝つ――それは厩舎として究極の目標でした。

ウオッカの子はなぜだか馬体が大きくなる傾向にある。最初の子、ボラーレは580kgの牡馬でした。しかしスピードがワンペースになりやすく、なかなか勝てなかった。妹のケースバイケースも同じような感じで、2頭ともに未勝利を突破することなく引退。その妹タニノアーバンシーは準オープンまで出世しましたが、そこまで。そんなことで「ウオッカの子は難しい」という印象を流布してしまったようです。

タニノフランケルは少し違いました。体重こそ500kgを超えていますがあまり手足が長くなく、2歳8月にはデビュー、2戦目で勝ち上がることができました。昇級後4戦は掲示板こそ確保するものの勝ちきれない競馬が続いていたものの、4月に待望の2勝目。ダービーを意識して京都新聞杯に挑戦しましたが、スタートのつまずきが響いて力を出し切れませんでした。

タニノフランケルが敗退したからというわけではありませんが、競馬界では昔から「名牝から名馬は産まれない」と言われたりします。

種牡馬は年に100頭以上種付けをすることもありますが、牝馬は年に1頭しか産めないので、確率的に当然ともいえます。

しかし母親の負の因果が子に巡っている可能性もあるのです。およそ四半世紀前、薬品の規制がなかった時代の話です。力強く走らせるために、牝馬には男性系のホルモン剤を打っていた。筋肉量を効率的に増やす方策で、どの厩舎でも日常的にやっていた。いわば牝馬育成の常識でした。そのホルモン剤の影響が、母親になったときにどのくらいのものなのか。検証できていない。規制がしっかりとしている今から思えば、ゾッとします。

つまり、強い牝馬ほど、どんどん薬物が投与される。一方、それほど競走実績が芳しくない牝馬にはあまり注射されなかった。皮肉なことに、走らなかった馬のほうが、結果的に健康な母親になり、よい子を送り出す——そういった推論です。そこで、あくまで薬物の影響かどうなのかは不明なのですが、名牝の子はあまり走らないのではないか——となった。さらに一般論として、強くても早く引退して繁殖に回った牝馬は、薬物の影響が少なかったのではないかというわけです。

とはいえクラシック2冠馬ベガを母に持つアドマイヤベガ（1999年）、桜花賞馬アグネスフローラの子アグネスフライト（2000年）、エリザベス女王杯を連覇したアドマイヤグルーヴの子ドゥラメンテ（15年）がダービー馬になっています。角居厩舎でもオークス馬シーザリオの子が、エピファネイア（菊花賞・ジャパンカップ）、リオンディーズ（朝日杯フューチュリティステークス）、サートゥルナーリア（ホープフルS・皐月賞）と3頭のGⅠ馬を生んでいます。やはり競馬はブラッドスポーツなのです。

終章
重賞勝ち馬の想い出

最後に、角居厩舎に重賞というタイトルをもたらしてくれた馬を、感謝の気持ちを込めて紹介していきたいと思います。もちろん、重賞を勝てなくても記憶に残っている馬はたくさんいますし、1勝もできなかったけれど、大好きだった馬もいます（レース名の太字はGⅠ）。

●ブルーイレヴン

00年産　牡　父サッカーボーイ

02年東京スポーツ杯、04年関屋記念

厩舎に初の重賞勝利をもたらしてくれた馬ですが、3歳初戦の京成杯では大暴走して惨敗。調教師や騎手を手こずらせましたが、不思議なオーラがありました。気持ちを込めて調教に臨んだ結果、2年後に2つ目の重賞を勝ってくれました。引退後は乗馬で国体に出るほどに活躍。角居厩舎の原点となった存在です。

●デルタブルース

01年産　牡　父ダンスインザダーク

04年菊花賞、05年ステイヤーズS、**06年メルボルンカップ**

厩舎初のGI馬ですが人間の腕を噛んで遊ぶところがあり、何人ものスタッフが流血の被害に遭いました（笑）。細かく走ることが苦手で一完歩が大きく初勝利は6戦目。気持ちの強い馬で菊花賞を格上挑戦で勝ち、ジャパンC（3着）、有馬記念（5着）でも健闘してくれました。メルボルンCを勝てたのもこの気性のおかげです。

●ハットトリック

01年産　牡　父サンデーサイレンス

05年京都金杯、05年東京新聞杯、**05年マイルチャンピオンシップ**、**05年香港マイル**

キャロットクラブ初の重賞勝利馬で厩舎初のサンデーサイレンス産駒です。デビューは3歳5月でしたが年内にオープン入りし、4歳1月まで4連勝とぐんぐん強くなっていきました。その後の4戦を勝てなかったのは、今思えば調教技術が追いつかなかったから。

故障を恐れるあまり遠慮がちの調教になっていたのかもしれません。

●ポップロック

01年産　牡　父エリシオ

06年、07年目黒記念

開業当初から預かり、ずっと厩舎を見守ってくれた馬です。エリシオ産駒で、いつかヨーロッパで戦いたいという私の思いに寄り添ってくれました。GⅠ勝ちこそありませんでしたが、06年の有馬記念ではディープインパクトの2着、デルタブルースが勝ったメルボルンカップでも2着に入り厩舎ワンツー・フィニッシュ。最後のコーナーまでじっとタメて一気に突き抜ける、そんな競馬ができる馬で、9歳まで走ってくれました。

●シーザリオ

02年産　牝　父スペシャルウィーク

05年フラワーカップ、**05年オークス、05年アメリカンオークス**

たった6戦（5勝）という短い付き合いでしたが、初の牝馬GⅠ、初の海外遠征勝利という濃密な日々でした。デビューから3連勝、脚元に不安がありましたが、人間の指示をよく聞いて調教もスムーズで、レースでは切れのよい走りを見せてくれました。日米のオークスを勝った後で種子骨靭帯炎を発症。5勝すべてに騎乗してくれた福永祐一騎手が「僕が乗った中での最強牝馬」と言ってくれました。

●ディアデラノビア

02年産　牝　父サンデーサイレンス

05年フローラステークス、07年京都牝馬ステークス、07年愛知杯

シーザリオの同期生ですが、デビュー直後はこちらのほうが高い評価を得ていました。チューリップ賞で1番人気に推されながら7着、こんなはずではないと連闘でフィリーズレビューに臨みましたが4着で桜花賞に出られませんでした。敏感で気性も荒く早くから体が完成されていた馬で、オークストライアルを勝った後は重賞ばかりを走り、GⅠこそ勝てませんでしたが、2度の海外遠征などコンスタントに活躍してくれました。

●カネヒキリ

02年産　牡　父フジキセキ

05年ユニコーンステークス、**05年ジャパンダートダービー、05年ダービーグランプリ、05年ジャパンカップダート、06年フェブラリーステークス、08年ジャパンカップダート、08年東京大賞典、09年川崎記念、**10年マーキュリーカップ

芝でデビューさせましたが結果が出ず、「砂のディープ」（同世代、同オーナー）として連勝している時も、スピードを磨くため芝で追い切り、3歳にして最優秀ダートホースに選ばれました。ケガでは苦労しましたが、休養して帰ってくるたびに、体が大きくなって形もよくなっていきました。変わりっぷりのよさは管理した馬の中で一番です。

●フレンドシップ

03年産　牡　父フレンチデピュティ

06年ジャパンダートダービー

芝でデビューしたものの結果が出ず、ダートに矛先を変えた3走目から頭角を現しまし

た。ジャパンダートダービーでは前年のカネヒキリに続いて角居厩舎の連覇。鞍上は当時大井で大活躍していた内田博幸騎手でした。この日はちょうどセレクトセールの2日目。終わりまで見ずに新千歳空港から羽田空港に向かい、そのまま大井競馬場へ直行したのを覚えています。

●ウオッカ

04年産　牝　父タニノギムレット

06年阪神ジュベナイルフィリーズ、07年チューリップ賞、**07年ダービー**、**08年安田記念**、**08年天皇賞（秋）**、**09年ヴィクトリアマイル**、**09年安田記念**、**09年ジャパンカップ**

一番大きい勝ちは08年の天皇賞（秋）です。それまでダイワスカーレットには1勝3敗。ダービーを勝った後の秋華賞でも、追いつくことができませんでした。ここで2㎝差を競り勝ったことで自信も確固たるものになったのだと思います。引退後はアイルランドの牧場で母親になって6頭の子を産み、19年4月に旅立ちました。

●**トーセンキャプテン**

04年産　牡　父ジャングルポケット

07年アーリントンカップ、08年函館記念

ウオッカの同期生で新馬、500万特別、重賞と3連勝を飾りクラシック候補のトップに立ちながら骨折で1年間の離脱を余儀なくされました。復帰後4戦目の巴賞できっかけをつかみ、次の函館記念を快勝。その後は結果が出ませんでしたが、1年後の札幌記念では13番人気ながら5着。北海道で走るのが好きだったのかもしれません。

●**トールポピー**

05年産　牝　父ジャングルポケット

07年阪神ジュベナイルフィリーズ、08年オークス

2戦目で勝ち上がった後の500万特別では勝ち切れず、暮れの2歳GIは来春へつながる走りをという思いで挑戦。中段後方からじっくりと構えて直線で外に持ち出し、ゴール板手前でまとめて差し切る強い競馬を見せてくれました。この自信が翌年のオークスに

つながったと思います（かなりお行儀の悪い競馬ではありましたが）。

●ロールオブザダイス

05年産　牡　父トワイニング
10年平安ステークス

3歳秋にオープン入りしましたが、当時のダート界は群雄割拠といった状況で、コンスタントに中央の重賞に出走させることができません。それで5歳1月の平安S後は地方交流レースを中心に使うことになりました。佐賀、船橋、名古屋、盛岡、門別、金沢で11月に京都に戻ってきて、また浦和と北は北海道から南は九州まで旅した馬。彼に連れられて初めての競馬場に行ったこともありました。

●ヴィクトワールピサ

07年産　牡　父ネオユニヴァース
09年ラジオＮＩＫＫＥＩ杯、10年弥生賞、**10年皐月賞、10年有馬記念、**11年中山記念、

11年ドバイワールドカップ

東日本大震災直後のドバイ。私はゴール付近の外ラチ沿いで見守っていました。ゴール後、M・デムーロ騎手が2着に入ったトランセンドの藤田伸二騎手と喜びながら肩を叩きあっていたシーンは今でも目に焼き付いています。自分の管理馬というより、日本馬が勝ってくれたのが嬉しくて涙が止まりませんでした。ウオッカが去った後の角居厩舎のリーダーをしっかり引き継いでくれた馬です。

●ルーラーシップ

07年産　牡　父キングカメハメハ

10年鳴尾記念、11年日経新春杯、11年金鯱賞、12年アメリカジョッキークラブカップ、

12年クイーンエリザベスⅡ世カップ

母エアグルーヴという超良血馬で1歳のころから他を圧倒するオーラがありました。人が近寄ってきても知らんぷり、悠然と周囲を眺めているような馬でした。せこせこしたところがなく、そのせいでもないのでしょうが「出遅れ癖」があって、日本のGIには手が

届きませんでした。それでも香港のＧⅠを勝ち、種牡馬として送り出すことができ、しかも評判馬を出してくれてホッとしています。

●アヴェンチュラ

08年産　牝　父ジャングルポケット

11年クイーンステークス、**11年秋華賞**

阪神ジュベナイルフィリーズ4着の後、骨折しましたが、すぐにケアすることができたので人間を信用するようになりました。秋華賞から逆算して函館、札幌と2か月半で3勝という理想的なローテーションでＧⅠ馬になることができた馬です。背中が疲れやすく、3歳で引退せざるを得なかったのは残念ですが、お母さんとして頑張っています。

●オールザットジャズ

08年産　牝　父タニノギムレット

12年、13年福島牝馬ステークス

長くいい脚を使うタイプではなく、軽いスピードがあって瞬発力に長けていました。器用ではありましたが、気が強くて難しい馬でした。ある程度動くようになってからは、輸送で仕上がっていったようなところがありました。

●グルヴェイグ

08年産　牝　父ディープインパクト

12年マーメイドステークス

母・エアグルーヴ、父・ディープという良血中の良血。プレッシャーはプレッシャーでしたが、一方でやってみたいと思う馬ではありました。オークスでは500万条件を勝ったばかりなのに3番人気で惨敗。最後は1000万下連勝、重賞勝ちと3連勝でしたが、もうちょっと勝たせてあげたかった馬です。

●フリートストリート

09年産　牡　父ストリートセンス

13年エルムステークス

全24走で6勝していますが、3連勝が2回という不思議な馬でした。調教ではそれほどではないのに、競馬場へ行くと危ない馬で、2人引きでもパドックで引っ張りまわされている感じ。馬場に出ていくまでに引いていく人間が植木に突っ込んでしまったりしました。

●エキストラエンド

09年産　牡　父ディープインパクト

14年京都金杯

弥生賞5着、京都新聞杯3着と3歳時はあと一歩のところでクラシックに出られませんでしたが、秋に2400mの特別戦を勝ち、4歳初戦も同じ距離の日経新春杯に挑戦しました。ですが古馬の壁は厚く、距離を縮めていったところで結果が出るようになり5歳初日の重賞を勝つことができました。以後マイル路線をひた走りました。

●エアソミュール

09年産　牡　父ジャングルポケット

14年鳴尾記念、14年毎日王冠

16年の函館記念で4着に入った後の調教中に左前脚種子骨靭帯に炎症が再発して引退。引退後はNPO法人吉備高原サラブリトレーニングで乗馬訓練を行ない、現在は千葉県の馬事学院でホースマンを目指す生徒たちのよきパートナーとなっています。

●メイショウブシドウ

09年産　牡　父ディープインパクト

14年小倉サマージャンプ、14年阪神ジャンプステークス

厩舎に唯一の障害重賞をもたらしてくれました。松本好雄オーナーには毎年いい馬を預けていただきながら、重賞勝ちはこの馬だけでした。背中の使い方が悪いので、障害練習をして修正し、平地に戻して勝ったこともありました。そのうちに障害のオープンも勝ったので、平地で息をつくるようになり、障害重賞を勝つことができました。

●キャトルフィーユ

09年産　牝　父ディープインパクト

14年クイーンステークス

重賞2着が4回、GⅠでは2度掲示板に載ったように、大崩れがない馬でした。人気で勝てなかったというより、人気以上には頑張ってくれました。調教が安定してできた子でうちの厩舎にいた馬の中では、比較的おとなしい子でした。

●サンビスタ

09年生まれ　牝　父スズカマンボ

14年ブリーダーズゴールドカップ、**14年JBCレディスクラシック**、15年TCK女王盃競走、15年マリーンカップ、15年レディスプレリュード、**15年チャンピオンズカップ**

かつて私が働いていたグランド牧場の生産馬です。南関東をはじめ北海道・東北の牝馬交流レースを走りまくりました。牡馬には分が悪いと思っていたので、ダートの猛者が集まった中央のGⅠを勝てたのはいまでも信じられませんし、説明もできません。

●エアハリファ

09年産　牡　父ディスクリートキャット

15年根岸ステークス

2歳11月のデビュー以来、一貫してダートで走らせました。アメリカ産でスピードも豊か、スピードを変えるギアを持っていて8勝もしてくれました。引退後はサンクスホースプロジェクトのもとで再調教を行ない、いまは熊本県の牧場で暮らしています。

●エピファネイア

10年産　牡　父シンボリクリスエス

12年ラジオNIKKEI杯、13年神戸新聞杯、**13年菊花賞**、**14年ジャパンカップ**

厩舎の骨格を作ってくれたシーザリオの第3子。卓越したパワーを持て余して、引っかかる傾向が強く、〝扱いにくい〟印象を持たれた馬でした。福永祐一騎手は手の内に入れて菊花賞を勝ってくれましたが、ジャパンカップでは他にお手馬があり、C・スミヨン騎手に乗ってもらいました。走りたがる馬で調教は難しかったけど、厩舎で暴れているというイメージはないですね。種牡馬として、ますますいい馬を出してくれればいいなと思います。

●デニムアンドルビー

10年産　牝　父ディープインパクト
13年フローラステークス、13年ローズステークス
性格も従順でたいへんな頑張り屋さん。体質的にそれほど強いわけではなかったけれど、使えば使うほどよくなるタイプでした。目の輝きが強烈で「次は結果を出します！」と訴えかけてくるようでした。オーナーの意向で厩舎にいることが多かったのですが、彼女がいるだけで空気が引き締まる感じがしたものです。

●ディアデラマドレ

10年産　牝　父キングカメハメハ
14年マーメイドステークス、14年府中牝馬ステークス、14年愛知杯

体はそれほど大きくなかったけれど、ディアデラノビアの娘らしく「頭の高いところ」が似ていました（笑）。お祖母さんがアルゼンチン産でお母さんともども背中が強い馬でした。

●ラキシス

10年産　牝　父ディープインパクト

14年エリザベス女王杯　15年産経大阪杯

格上挑戦させることで強くなっていった馬です。1勝馬でオークストライアルのフローラステークスに挑戦して11着。頭がよくてまじめな性格なので、同厩舎のデニムアンドルビーに大きく後れを取ったことで目が覚めたのでしょう。秋も準オープンの時点でエリザベス女王杯に出走、今度は2着に頑張り、それが翌年の戴冠につながりました。

●フルーキー

10年産　牡　父リダウウツチョイス

15年チャレンジカップ

父親はオーストラリアのスプリンターで、産駒もスピードと切れを持ち味としていますが、タメがきくので角居厩舎では中長距離で使いました。マイル戦でデビューして1800mでも3勝、3000mの菊花賞でも6着。血統という先入観を持たずに馬と向き合った結果、幅広い距離に対応できる馬になってくれたと思います。

●トーセンビクトリー

12年産　牝　父キングカメハメハ

17年中山牝馬ステークス

力はあるものの飼い食いが細くて、気性が荒く、体調とメンタルの折り合いがテーマでした。名牝トゥザヴィクトリーの子らしく、走るフォームがとてもきれいだったのですが、好走と凡走を繰り返すという、馬券ファン泣かせ（?）の馬でもありました。

●リオンディーズ
13年産　牡　父キングカメハメハ
15年朝日杯フューチュリティステークス
エピファネイアの半弟、シーザリオの第6子です。新馬戦は2000mで本来ならゆったり走れる距離を使っていくはずでしたが、この年は有力馬が早くから結果を出していて、ならば先につながるレースを2歳GIに挑戦したところ、その能力の高さで勝ち切ることができました。20年にデビューした子供たちが頑張ってくれています。

●ヴァンキッシュラン
13年産　牡　父ディープインパクト
16年青葉賞
余裕のある走りでトライアルを勝ち、ダービーでは、強い馬と走ることでよりいい走りができるのではと期待したのですが13着。休養先で屈腱炎を発症、そのまま引退となってしまいました。能力のある馬ほどリスクが高いということを痛感させてくれた馬です。

●シャケトラ

13年産　牡　父マンハッタンカフェ

17年日経賞、19年アメリカジョッキークラブカップ、19年阪神大賞典

マンハッタンカフェ産駒らしく柔らかすぎて少し緩く、できあがるまでに時間がかかりそうな印象でしたが、距離の融通性があると感じました。骨折から1年1か月ぶりのレースとなった19年のAJCCでは、菊花賞馬フィエールマンを抑えての勝利。私にとっては調教停止処分明けのレースでした。

●クイーンマンボ

14年産　牝　父マンハッタンカフェ

17年関東オークス、17年レディスプレリュード

サンビスタと同じグランド牧場でユニオンオーナーズクラブの所属馬だったので、どこの競馬場でも大勢の応援をいただきました。秋は秋華賞を目指してローズステークスを使いましたが12着。その後は再びダート路線に向かい、牡馬相手によくがんばってくれまし

た。同じ歳のラビットランとはよきライバルでした。

●ラビットラン

14年産　牝　父タピット

17年ローズステークス、18年ブリーダーズゴールドカップ

ダートでデビューしながら、軽い走りをするので芝を使ったら3歳秋にはローズS勝ち。秋華賞でも4着に入りましたが、5歳夏から再びダートに戻りました。線が細い間はしなやかにタメを作れていたのですが、ダート馬らしくなってきて、体がしっかりしていくと調教がどんどん難しくなっていきましたね。

●キセキ

14年産　牡　父ルーラーシップ

17年菊花賞

詳しくは第4章（116ページ）で書きました。凱旋門賞をはじめGIを数多く使ってい

ますが、天性の体の柔らかさもあって、大きな故障もありません。父子とも角居厩舎の管理馬でGⅠを勝ってくれました。

●カンタービレ

15年産　牝　父ディープインパクト

18年フラワーカップ、18年ローズステークス

フラワーCは未勝利を勝ったばかりでまだ半信半疑での重賞挑戦でした。M・デムーロ騎手が巧く乗ってくれたことも大きいのですが、まだ伸びしろがありました。賞金的には桜花賞にも出られましたが自重し、オークス一本を見据え、態勢を整えました。体とメンタル面のバランスが難しいということを実感したものです。

●サトノワルキューレ

15年産　牝　父ディープインパクト

18年フローラステークス

体型が縦に長く、飼い食いも細かったので、ゆっくり作りたい思いがありました。体重がなかなか乗らず、あまり長い距離を使わないほうが、という担当スタッフの声があったものです。鞍上の指示をしっかり聞ける落ち着きがあり、長距離向きでした。

●サートゥルナーリア

16年産　牡　父ロードカナロア

19年皐月賞、19年神戸新聞杯、20年金鯱賞

早い時期から完成していた馬ですが、古馬になってさらに大人になりました。レース前など周りに馬がいると気持ちが切れることがあるので、少し離れたところにいるようにしています。ロードカナロア産駒らしく、筋肉質で幅のある馬です。3歳時の天皇賞（秋）と有馬記念、20年の宝塚記念と、強い女の子は苦手なのかもしれません（笑）。

●ワイドファラオ

16年産　牡　父ヘニーヒューズ

19年ニュージーランドトロフィー、19年ユニコーンステークス、**20年かしわ記念**

かしわ記念は強いGI馬が相手でしたが、つっつかれずにうまく逃げられる絶好の展開になりました。まだ4歳なので、これからが楽しみです。私が引退する前の週に行なわれる来年のGIフェブラリーSを狙うのもいいですね（笑）。

●ロジャーバローズ

16年産　牡　父ディープインパクト

19年ダービー

ダービーでは成長途上にもかかわらず、最後まで頑張ってくれました。あそこで走り切れたのは能力があってこそ。早い時期の引退は残念でしたが、種牡馬として、いい子を出してほしいと思っています。

あとがき

最後の章で、角居厩舎の重賞を勝ったすべての馬を紹介させていただきました。

懐かしさとともに、彼らと過ごした日々が思い起こされました。もちろん、ここに名前があがらなかった馬との思い出もたくさんある。むしろ、なかなか勝てなかったり、手を焼かせられたりした馬と過ごした時間のほうが長かったぐらいです。

名前が出てきた馬については、編集の方が、それぞれの戦績や、以前に私が話した馬の特徴などを調べておいてくれたのですが、改めて「どんな馬だったか」と自問してみると、実はすぐに思い出せないものもありました。戦績などを言われると思い出すものの、馬には申し訳ないのですが、はっきり覚えていないものもあったぐらいです。

しかし不思議なことに、その馬を誰が担当していたのかということはすぐに思い出すことができました。そうするとその担当者の傍らに寄り添っている馬の面影が浮かんでくるのです。

私は競走馬の調教師という仕事をしながら、ずっと人を見ていたのかもしれません。

この仕事を20年もやっていましたが、セリなどに行っても、「この馬は走る」というような馬の見極めはできませんでした。

馬という動物について、確信を持って言えることは決して多くない。まだまだ分からないことだらけです。おそらく、このまま定年まで調教師を続けていても、「分かる」ことはあまり多くなかったでしょう。むしろ、「分からないこと」が増えていったような気がします。

そして分からないことだらけだったからこそ、もっと知りたいと思いながら、やってこられたような気がします。

私がこの世界に入るきっかけは、大学受験に失敗したからということは序章で書きました。実はそのとき、つまり40年前に、天理教の教会長の資格をとっています。しかし親や兄たちから「天理教を仕事にすることを、逃げの口実にしたらあかんで」と言われました。正直、なにもかもいやになって、そんなことを考えないでもなかった。

グランド牧場に就職し、競走馬の世界にどっぷりと浸ってしまいましたが、もうすぐ40年前に戻ります。逃げていくわけではないと、はっきり言うことができます。新たな人生を始めるという気持ちです。

競馬界を去るにあたって、思い残すことはまったくありません。十分満足できる競馬人生でした。

いまは日々、晴れやかな気持ちで過ごしています。

競馬の世界からは「さらば」しますが、馬との関わりはこれからも続いていくと思います。競走生活から引退して乗馬馬として再出発をする手伝いや、乗馬の世界からも身を引かざるを得なくなった馬の居場所を作ることです。だから、いつかどこかで角居厩舎のために走ってくれた馬と再会することがあるかもしれません。

長いようで短かった競馬人生でしたが、いま振り返ると、すべてが楽しく、面白かったなあと思います。
出会った馬に、そして出会ったすべての人たちに、ただただ感謝します。

角居勝彦

２０２０年11月

初出　「週刊ポスト」連載【角居勝彦　感性の法則】に大幅に加筆・修正し再構成しました。
なお戦績などは２０２０年11月１日までのものです。

文／須藤靖貴
構成／山田義知
編集／鶴田祐一

角居勝彦［すみい・かつひこ］

１９６４年石川県生まれ。２０００年に調教師免許を取得し、２００１年に開業。以後19年間、中央で重賞82勝を含む７５４勝（20年11月1日現在）。中央、地方、海外を合わせたＧⅠ38勝は現役最多。シーザリオでアメリカンオークス、ヴィクトワールピサでドバイワールドカップを勝つなど海外でも活躍。引退馬のセカンドキャリア支援など福祉活動にも尽力している。管理馬は他にウオッカ、カネヒキリ、エピファネイア、ロジャーバローズなど。

さらば愛しき競馬

二〇二〇年　十二月一日　初版第一刷発行

著者　角居勝彦
発行人　鈴木崇司
発行所　株式会社小学館
〒一〇一－八〇〇一　東京都千代田区一ツ橋二ノ三ノ一
電話　編集：〇三－三二三〇－九七九三
販売：〇三－五二八一－三五五五

印刷・製本　中央精版印刷株式会社

Printed in Japan ISBN978-4-09-825389-0